农民工有困难找工会丛书

中国工人出版社

张　帆　李庆堂
庞　洋　闫宇平　策划

李建平　吕　静　主编

农民工加入工会知识手册（修订版）

陈　民　等　编写
李明明　李宪锋　插图
睿达点石书装

图书在版编目（CIP）数据

农民工加入工会知识手册（修订版）/ 陈民编写. —北京：中国工人出版社，2014.10

（农民工有困难找工会丛书）

ISBN 978-7-5008-5948-2

Ⅰ. ①农… Ⅱ. ①陈… Ⅲ. ①工会工作—中国—手册 Ⅳ. ①D412.6-62

中国版本图书馆CIP数据核字（2014）第243976号

农民工加入工会知识手册(修订版)

出 版 人	李庆堂
责任编辑	吕 静
责任校对	孙迺伟
责任印制	栾征宇
出版发行	中国工人出版社
地　　址	北京市东城区鼓楼外大街45号 邮编：100120
网　　址	http://www.wp-china.com
电　　话	（010）62350006（总编室）
	（010）62005039（营销出版部）
	（010）82075935（工会与劳动关系分社）
发行热线	（010）62004002
	（010）82081553（传真）
经　　销	各地书店
印　　刷	北京市密东印刷有限公司
开　　本	850毫米×1168毫米 1/32
印　　张	4
字　　数	130千字
版　　次	2014年12月第1版 2018年8月第3次印刷
定　　价	15.00元

本书如有破损、缺页、装订错误，请与本社营销出版部联系更换

修订说明

自2006年《农民工有困难找工会丛书》出版以来，全国各级工会以此为服务农民工的依托，在组织农民工加入工会、为农民工维权、加强对农民工的培训、提升农民工的素质、丰富农民工的文化生活等方面做了很多工作，帮助解决农民工最关心、最直接、最现实的利益问题，把“农民工有困难要维权找工会”做实、做好，收到了良好的效果。

该套图书以实用性、指导性得到全国各级工会组织、农民工朋友的广泛认同，2007年荣获首届中国出版政府奖图书奖提名奖，还被列入工会“送温暖”活动指定图书、国务院“送书下乡工程推荐书目”、农家书屋书目，荣获全国服务三农优秀图书奖等，为广大工会组织团结带领农民工做出了贡献。

随着时代的不断发展以及新形势对工会提出的新要求，中国工人出版社对丛书进行了修订。修订围绕党和政府多年来针对农民工问题连续出台的一系列政策措施展开，融会当前工会做好农民工工作的着力点，从统筹城乡发展，加强职工队伍建设的战略高度，积极协助政府有序推进农业转移人口市民化，帮助进城农民工融入城市，增加了就业求职的新方法、城市生活的新现象、法律更新后的权益维护新手段、社会进步下的精神生活新追求、加入工会的新举措，切实做好进城后的制度保证、素质提升、宣传引导、权益维护、就业生活等，解决农业转移人口在城镇就业和落户中遇到的突出问题。同时本书坚持生动活泼的写作方式，更适合农民工朋友和工会工作者阅读和使用。

衷心希望这套丛书能成为农民工朋友的良师益友和工会组织进一步做好农民工工作的好助手。

编　者

2014 年 10 月

让我们一起加入工会吧

伴随城市化、工业化步伐的加快，城市的大量就业机会，众多的商业信息，电视、报纸中所展现的城市魅力和繁华构成的精彩的外面世界，都深深吸引着依然徘徊在城市大门之外的我们。于是，我们走出了家门，走出了农村，走出了封闭，涌进城市……

然而，我们会面临很多很多意想不到的问题和烦恼。

虽然，党和国家非常重视我们农民工的作用，并制定了不少解决农民工问题的措施，但受各种因素的影响，我们在融入城市、发挥作用等方面还存在着各种各样的困难，甚至在现实生活中往往处于尴尬的地位。

被人们称为“新市民”的我们，要想真正融入城市，除了自身的努力外，还需要借助一定的力量，帮助我们得以华丽的转身。这其中，工会的帮助是我们实现理想的重要力量。

很早以前，工会就关注农民工问题。2006年，全国总工会制定了《关于推进维护农民工合法权益十项工作机制建设的意见》，建立维护农民工合法权益的工作机制。各级工会积极开展向农民工送温暖活动，在职工帮扶中心设立农民工接待窗口，努力为我们农民工办实事做好事解难事，在全社会叫响“农民工有困难找工会”。近年来，工会更是协同各级政府部门，在为我们农民工进行就业培训、讨薪、帮扶济困等方面发挥了重要的作用。

工会组织的大门是向我们敞开的。当前加入工会组织的我们农民工，人数已达1.1亿。这说明，加入工会已是我们大家的共识。

如果你也想了解工会是个什么样的组织，如果你也想得到工会组织的帮助，就读读这本书吧。相信它对我们在城市生活中顺利的工作、不断的成长，会有意想不到的收获。

目 录

一、为什么要加入工会

二、你了解工会吗

三、怎样加入工会

四、工会会员的权利和义务

五、工会服务农民工的实事与好事

附　录

加入工会，使我们在困难时有了依靠。

——一位农民工会员的真心道白

1. 融入城市之路曲折不平

我们农民工离开了自己熟悉的土地，进城工作了。在高楼大厦、车水马龙的城市里，我们凭力气吃饭，堂堂正正做人，希望融入城市中，能过上体面的生活，有尊严地工作。但我们也面临不少困难和问题：

（1）工资水平较低，欠薪现象依然存在。各地的最低工资标准虽然每年上调，但总体依然普遍偏低。一些企业主往往把最低工资标准当作实际支付给我们的工资标准。我们的工资水平与物价和生活消费水平的提高不成比例，与社会平均工资水平有差距。尽管国家采取了追讨工资专项行动，取得了一定成效，但拖欠工资问题仍未得到根本解决，前清后欠现象仍较普遍。克扣或变相克扣我们的工资现象也较为突出。

（2）劳动安全卫生条件较差，往往缺乏基本的劳动保护。我们开始的时候往往要干最重、最苦、最脏、最累的活，最容易就业的则集中在劳动密集型产业和劳动环境差、危险性高的劳动岗位。而且，许多企业使用缺乏防护措施的旧机器，噪音、粉尘、有毒气体严重超标，又不配备必需的安全防护设施和劳保用品，也没有对我们进行必要的安全培训，致使农民工发生职业病和工伤事故的比例高。据国家安全生产监督管理局统计，全国每年因工伤致残人员近 70 万。其中农民工兄弟占大多数。我们从业人数较高的煤炭生产企业，每年因事故死亡 6000 多人。

（3）社会保障待遇缺失。目前，我们中不少人还很难享受到基本的社会保障。工伤保险参保率低，伤残医治赔偿困难。农民工干的工作又苦又累又危险，面临巨大劳动安全风险，许多发生工伤事故得不到及时的治疗和经济赔偿，拖着伤残的身体回到原籍，成为农村新的贫困户。医疗、养老保险不到位，后顾之忧难以解决。由于企业和自身意愿，我们参保医疗、养老保险的热情不高。虽然眼下吃“青春饭”，养老问题不尖锐，但却把沉重的包袱留给了几十年后的政府、社会和家庭。我们生病时，由于无法承担城市高额的医疗费用，只能硬挺，或者到游医和其他私人诊所看病，因病重新返贫问题突出。

（4）城市政府提供的公共服务没有被完全覆盖。由于历史和体制的原因，农民工为城市发展建设作出了巨大贡献，但却迟迟不能融入城市，享受不到城里人应有的医疗、养老、子女上学等服务。子女上学难是我们面临的最为突出的一个问题，很多地方没有将我们进城的子女纳入当地义务教育体系。农民工子弟学校也很难得到当地政府的财政支持，只有依靠高收费维持运转，加重了我们子女的教育负担。另外，由于我们很多人夫妻都长期在外打工，留守在农村的孩子缺少亲情，缺乏良好教育，辍学、失学人数增多，影响孩子们的健康成长。我们中的很多人在城市生活处于“孤岛化”状态，穿最廉价的衣服，用最廉价的商品，吃最廉价的食物，住最廉价的房子，业余文化生活贫乏单调。

（5）发生劳动争议时维权难。目前，涉及我们的高发侵权案件，主要是工伤和工资拖欠纠纷。面对侵权事件，我们想到过用劳动监察、劳动仲裁及诉讼等合法方式解决劳动争议，但那样的维权时间成本和金钱成本很高，且举证困难，相关法律法规不健全，我们农民工有点“等不起”。于是，我们中的一些人会

选择激烈的“搏出位”的方式维权，就拿讨薪来说，有跳楼讨薪、集体跳骑马舞讨薪、裸奔讨薪、高空讨薪、拉横幅讨薪、绑架讨薪、下跪讨薪，这种迫不得已的方式，真让我们有点“伤不起”。

特别提示

平等是每一个中国公民应享有的权利。我们有权利拥有它！

2. 新一代，新诉求

这些年来，进城务工的农民工中，年龄多在16—25岁左右，多为80、90后，被称为“新生代农民工”。与父辈不同，这代人成长环境得天独厚，没有经历饥荒、战争、灾难、大的风浪，是在改革开放中长大的一代，是在幸福与甜蜜中长大的一代。他们很多人在城里生活了很长时间，对农作物和农业生产比较陌生，不精通农业生产，对土地重要性没有深刻认识、对农村没有依恋之情。因此，跟他们的父辈不一样，他们在城市生活中有着更高的需求。

首先，注重精神文化的追求。由于他们中的大部分多半接受了初中、高中、中专教育甚至大学教育，有相当的文化知识。获取知识、信息的途径多种多样，如报刊、杂志、书籍、电视、网络等媒体，知识更新快，因此他们希望在城里不是仅仅为打工，更多的是同样享受丰富的文化生活。

其次，职业期望高，追求物质精神享受，追求轻松、舒适的工作；不像他们的父辈那样出来打工仅仅是为了挣钱回家盖房子、娶媳妇、交学费。他们不满足简单、机械、重复的劳动，而是寻求更好的自我发展的机会，寻找立足城市的机会，或者为回乡创业打基础等。

再次，维权意识强，与父辈相比，不是只在自身权益受损的时候才被动维权，而是经常会主动地提出利益诉求，诉求也不仅仅停留在经济层面，许多更是深入到制度层面。

特别提示

新生代农民工已经是一个庞大的群体，一个追求自我进步的群体，并努力成为走在时代前头的积极分子。他们希望被城市认可。

3. 全社会都要关心关爱农民工

党中央、国务院高度重视农民工工作。2006 年《国务院关于解决农民工问题的若干意见》（国发〔2006〕5 号）印发以来，出台了一系列政策措施，推动了我们农民工转移就业规模持续扩大，职业技能不断提高，工资收入大幅增加，参加社会保险人数较快增长，劳动保障权益维护明显加强，享受基本公共服务范围逐步扩大，关心关爱农民工的社会氛围正在形成。

但是，我们农民工目前仍然面临不少问题：一是就业稳定性不强；二是劳动保障权益受侵害的现象还时有发生；三是享受基本公共服务的范围仍然较小；四是大量长期在城镇就业的农民工还未落户。这些问题不解决，将会影响城镇化的实现，继而影响全面建成小康社会。

对此，2014 年 9 月 12 日，国务院印发了《关于进一步做好为农民工服务工作的意见》，《意见》首先对农民工的地位和作用给予了充分的重视：农民工已成为我国产业工人的主体，是推动国家现代化建设的重要力量，为经济社会发展作出了巨大贡献。因此，为切实解决农民工面临的突出问题，有序推进农民工市民化，进一步做好新形势下为农民工服务工作，《意见》提出了今后农民工工作的几个重点方向：一是紧紧围绕有序推进农民工市民化的发展方向，着力稳定和扩大农民工就业创业，不断夯实农民工市民化基础；二是着力维护农民工的劳动保障权益，努力为农民工市民化创造条件；三是着力推动农民工逐步实现平等享受城镇基本公共服务和在城镇落户，不断提高农民工市民化水平；四是着力促进农民工社会融合，不断提高农民工市民化质量。

《意见》将进一步做好为农民工服务的各项工作分解到政府各部门和社会团体：

（1）实施农民工职业技能提升计划，由人力资源社会保障部、国务院农民工工作领导小组办公室（以下简称农民工办）会同发展改革委、教育部、科技部、财政部、住房城乡建设部、农业部、安全监管总局、统计局、扶贫办、全国总工会、共青团中央、全国妇联负责。

（2）加快发展农村新成长劳动力职业教育，由教育部、人力资源社会保障部会同发展改革委、财政部、扶贫办负责。

（3）完善和落实促进农民工就业创业的政策，由人力资源社会保障部会同发展改革委、教育部、民政部、财政部、住房城乡建设部、农业部、商务部、人民银行、税务总局、工商总局、扶贫办、全国总工会、共青团中央、全国妇联负责。

（4）规范使用农民工的劳动用工管理，由人力资源社会保障部会同住房城乡建设部、工商总局、全国总工会负责。

（5）保障农民工工资报酬权益，由人力资源社会保障部会同公安部、住房城乡建设部、人民银行、最高人民法院、全国总工会负责。

（6）扩大农民工参加城镇社会保险覆盖面，由人力资源社会保障部会同发展改革委、财政部、卫生计生委、工商总

局、法制办、全国总工会负责。

（7）加强农民工安全生产和职业健康保护，由安全监管总局、卫生计生委分别会同发展改革委、教育部、公安部、民政部、财政部、人力资源社会保障部、住房城乡建设部、交通运输部、国资委、法制办、全国总工会负责。

（8）畅通农民工维权渠道，由人力资源社会保障部会同发展改革委、公安部、司法部、国资委、最高人民法院、全国总工会负责。

（9）加强对农民工的法律援助和法律服务工作，由司法部会同财政部、最高人民法院、全国总工会负责。

（10）逐步推动农民工平等享受城镇基本公共服务，由农民工办会同发展改革委、教育部、公安部、民政部、财政部、人力资源社会保障部、住房城乡建设部、文化部、卫生计生委、法制办负责。

（11）保障农民工随迁子女平等接受教育的权利，由教育部会同发展改革委、公安部、财政部、人力资源社会保障部、住房城乡建设部、共青团中央、全国妇联负责。

（12）加强农民工医疗卫生和计划生育服务工作，由卫生计生委会同发展改革委、民政部、财政部负责。

（13）逐步改善农民工居住条件，由公安部、发展改革委、人力资源社会保障部会同教育部、民政部、财政部、国土资源部、住房城乡建设部、农业部、卫生计生委、统计局、法制办、中央农办负责。

（14）有序推进农民工在城镇落户，由公安部、发展改革委、人力资源社会保障部会同教育部、民政部、财政部、国土资源部、住房城乡建设部、农业部、卫生计生委、统计局、法制办、中央农办负责。

（15）保障农民工土地承包经营权、宅基地使用权和集体经济收益分配权，由农业部、国土资源部分别会同法制办、中央农办、最高人民法院负责。

（16）保障农民工依法享有民主政治权利，由农民工办会同民政部、人力资源社会保障部、国资委、全国总工会负责。

（17）丰富农民工精神文化生活，由文化部、农民工办会同发展改革委、民政部、财政部、中央宣传部、全国总工会、共青团中央、全国妇联负责。

（18）加强对农民工的人文关怀，由农民工办会同教育部、卫生计生委、全国总工会、共青团中央、全国妇联负责。

（19）建立健全农村留守儿童、留守妇女和留守老人关爱服务体系，由民政部、全国妇联会同发展改革委、教育部、公安部、财政部、人力资源社会保障部、共青团中央负责。

特别提示

2013 年 2 月，习近平总书记在甘肃视察工作时指示：全面建成小康社会离不开农民工的辛勤劳动和奉献。全社会要关心关爱农民工。要坚决杜绝拖欠、克扣农民工工资现象，切实保障农民工合法权益。

4. 工会为我们插上飞翔的翅膀

国务院《关于进一步做好为农民工服务工作的意见》特别强调要创新和加强工青妇组织对农民工的服务，积极创新工会组织形式和农民工入会方式，将农民工组织到工会中来。以输入地团组织为主、输出地团组织配合，逐步建立农民工团员服务和管理工作制度，积极从新生代农民工中发展团员。各级工会、共青团、妇联组织要切实履行维护农民工权益的职责，通过开展志愿者活动等方式关心关爱农民工及其子女，努力为农民工提供服务。

这说明，我们遇到问题时，除了政府部门外，我们还可以寻求社会组织的帮助。而工会就是我们可以依托的组织。

早在2006年，全国总工会就制定了《关于贯彻〈国务院关于解决农民工问题的若干意见〉的意见》，提出了“最广泛地把农民工组织到工会中来”，协助各级党委政府解决涉及农民工合法权益最现实、最直接、最紧迫的问题，并在十个方面做好为农民工的服务工作。

一是帮助和指导农民工签订劳动合同，并将农民工纳入平等协商和集体合同范围，在农民工较多的用人单位和行业，要将维护农民工合法权益的突出问题作为平等协商和签订集体合同的重点，充分发挥平等协商和集体合同在维护农民工合法权益中的重要作用。

二是突出解决农民工工资拖欠问题。如河南省总工会联合相关部门组成联合执法检查组，在全省开展农民工工资支付专项检查，截至2014年1月，共为2.4万名农民工追发工资及补偿赔偿金1.1亿元。

三是加大农民工职业安全、劳动保护教育，增强农民工自我保护的意识和能力。积极推动政府和企业开展农民工生产生活环境标准化管理，改善农民工生产生活条件。切实做好女性农民工和未成年工特殊权益保护工作，会同有关部门严厉查处雇用童工行为。

四是推动解决农民工工伤保险等社会保障权益问题。监督所有用人单位及时为农民工办理工伤保险手续，推动企业为农民工建立意外伤害保险，帮助发生工伤的农民工按照规定的标准获得赔偿。积极开展适合农民工特点的职工医疗互助工作，帮助农民工解决看病难问题。

五是加强农民工职业技能培训和就业援助。建立十大农民工培训和创业基地，组织和引导农民工参加各种技术技能培训。通过组织对口劳务协作、举办大型招聘会等方式，为农民工提供就业岗位，开展就业援助。

六是着力改善农民工的精神文化生活。如在农民工相对集中的企业和工地，建立文化活动室、图书角，广泛开展送图书、送电影、送文艺节目等多种形式的活动，全面提高农民工的思想道德和科学文化素质。

七是保障农民工的民主政治权利。如积极推进用人单位建立健全保障农民工民主权利的各项制度，在农民工较多的企事业单位职工代表大会、工会会员代表大会中要有农民工代表，保障农民工的选举权、知情权、参与权、监督权，使他们更好地参与本单位民主决策、民主管理和民主监督。

八是加大对农民工的法律援助。把农民工作为法律援助的重点对象，与司法部门协调配合，利用工会内外资源为农民工提供法律援助。

特别提示

全国工会12351职工维权热线是全国总工会设立全国统一职工维权服务热线电话号码，覆盖全国各省市和县区，旨在竭诚服务职工群众。该热线的业务受理范围包括职工对劳动法律、法规、政策的咨询；对需要帮扶及解决生活困难的求助；对侵害自身合法权益行为的控告、申诉；对紧急突发事件和重大安全事故的报告，以及其他涉及职工合法权益问题的反映等。

九是开展为农民工送温暖活动。把农民工纳入元旦春节送温暖的重点对象，加大资金投入，积极开展走访慰问活动，对生活确实困难的农民工给予必要的生活救助；将在城市生活由于经济原因上不起学的农民工子女纳入工会金秋助学活动范围。

特别提示

各地工会的困难职工帮扶中心是工会深入实施送温暖工程、开展困难职工帮扶救助的有效载体，是送温暖工程的重要组成部分。困难职工帮扶中心通过信访接待、政策咨询、职业介绍和职业培训、法律援助、生活救助等多种形式，为困难职工（包括农民工）提供直接、快捷、方便的帮助和服务，与有关部门配合，帮助解决困难职工在就业、医疗、生活、子女上学等方面遇到的困难和问题，依法保障职工合法权益。帮扶重点是下岗失业人员和老、弱、伤、病、残职工及因遭受意外灾害、本人或家庭成员患大（重）病等原因造成的困难职工群体。

十是积极开展农民工春节顺利返乡平安行动。与铁路公路及公安部门联系，采取多种形式，解决了春节期间返乡购票难的问题。

这些年来，工会积极主动地为我们农民工做了不少好事、实事，叫响了“农民工有困难找工会”，这是大家有目共睹的。这说明，工会是我们农民工合法权益的代表者和维护者，是工人阶级的“大学校”，是可以信赖的“家”。

特别提示

在新型城镇化进程中，全国总工会提出：要充分发挥工会的组织优势，维护和发展好职工和农民工权益，促进社会公平正义，推动城镇化健康发展。

5. 不加入工会你就“out”了

2014 年 5 月，一条微信被人们疯转着，仅仅三天，这条微信的转发率即达几十万次。这条微信的标题，就叫“加入工会的十大好处”。

（1）当您的劳动权益如工资、福利、社会保险等权益受到侵害时，工会帮您解决。

（2）当您的合法权益受到侵害诉诸法律时，工会将提供法律帮助。

（3）当您的个人和家庭遇到特殊困难时，您告诉工会，工会给您送去温暖，提供帮助。

（4）当您的子女因为家庭贫困上不了学时，您告诉工会，工会的“金秋助学”活动帮孩子圆梦。

(5) 当您需要找工作时，您告诉工会，工会帮您推荐合适的岗位。

(6) 当您遭受病痛折磨无钱医治时，可以在工会兴办的在职职工住院保险、重大疾病保险、女职工特殊疾病保险、安康团体意外伤害保险得到资助。

(7) 当您工作劳累或身在异乡倍感孤独时，工会举办的文体活动带给您身心愉悦。

(8) 当您需要学文化、学技能时，工会开展的教育培训和岗位练兵活动使您不断提升自己，完善自我。

(9) 当您辛苦一年，为回家过年买车船票苦恼时，工会为您提供温馨服务。

(10) 当您到工会会员优惠待遇服务单位消费时，持有工会会员证将得到实惠。

看到这，我们农民工朋友能不动心吗?!

特别提示

虽然加入工会可能不会解决所有遇到的问题，但工会组织是农民工兄弟的家，家会永远给我们温暖，给我们依靠。

二、你了解工会吗

工会是党联系职工群众的桥梁和纽带。

——《中国工会章程》

1. 工会是个什么样的组织

工会是工人群众自己的组织。

工会产生于18世纪中叶的英国。当时正是资本主义社会发展的早期，资本家为了追求更多的经济利益，迫使工人把自己的劳动力当作商品出卖，让工人们在非常恶劣的条件下从事生产劳动，工作时间超长，劳动报酬少得可怜，工人的生活陷于极其困难的境地。为了反抗资本家的剥削压迫，改善自己的劳动条件，工人们进行了自发的斗争，他们破坏工厂的机器，捣毁生产线，要求提高工资等。这种个体式的、分散的斗争并没有改变工人们的状况，因此，工人们意识到，必须联合起来，形成有组织的力量，才能取得与资本家斗争的胜利。于是，工会就出现了。

早期的工会大多为职业工会，凡从事同一职业的熟练工人，都组织在同一职业工会内；一个企业内的工人，由于职业的不同而分属于不同的职业工会。这种组织分散了同一企业内工人的团结和统一，不利于工人阶级的斗争。

随着工人运动的发展，大多数国家都相继建立了工会组织，成为世界性的普遍社会现象。按产业原则组织工会逐渐为工人接受，越来越多的工人群众按产业系统组织起来，凡在同一企业内的工人都参加同一产业工会，这有利于工人阶级的团结和统一，增强了工会的战斗力。在资本主义国家中，除少数由资本家操纵的工会外，绝大多数工会都能以各种方式，不同程度地代表和维护工人群众的利益。通过内部协调、互相帮助，解决工人内部的竞争，以集体谈判、罢工等形式同资本家对抗，争取和维护工人的利益，改善工人的工作、生活条件，并在国家政治生活中发挥作用，争得工人群众的社会政治利益。

2. 我国工会组织的基本情况

(1) 工会组织的性质

《中华人民共和国工会法》规定："工会是职工自愿结合的工人阶级的群众组织。"这是关于我国工会性质的规定。它表明，第一，工会是群众组织，而不是政党组织；第二，工会不是一般的群众组织，而是工人阶级的具有阶级性的群众组织，被依法剥夺了政治权利的人是不能参加和组织工会的；第三，工会是职工自愿结合的群众组织。职工加入不加入工会，参加不参加工会活动，以及退出工会都是自愿的、自由的。《中国工会章程》是规范工会组织和开展工会活动的内部规章，它对工会的性质进一步明确为："中国工会是中国共产党领导的职工自愿结合的工人阶级群众组织，是党联系职工群众的桥梁和纽带，是国家政权的重要支柱，是会员和职工利益的代表。"由此可见，工会是一个为职工群众服务的、反映职工意愿并代表职工利益的重要组织。

（2）工会组织的职责

《工会法》明确规定了工会组织的责任："中华全国总工会及其各级工会组织代表职工的利益，依法维护职工的合法权益。""维护职工合法权益是工会的基本职责。工会在维护全国人民总体利益的同时，代表和维护职工的合法权益。"

这里的"代表"，是指工会组织发挥"桥梁"和"纽带"作用，密切联系职工群众，反映他们的呼声要求，使工会成为广大职工参政议政的民主渠道。同时，把党和政府的要求贯彻到群众中去，更多地为职工群众办好事实事，把职工的积极性充分调动起来，在全面建设小康社会中发挥主力军作用。

这里的"维护"，是指工会组织通过合法的途径和手段，保护职工依法享有的各种权利和利益免遭不法侵害。当职工的合法权益被侵犯时，工会有责任为他们排忧解难，给他们提供有力的法律帮助。

（3）工会组织的机构设置

中国工会有统一的组织体系，它包括基层工会组织、地方工会组织、产业工会组织和全国总工会。

□基层工会组织：基层工会委员会是工会的基本单位，

目前它包括：工会会员25人以上的企业、事业单位和机关单独建立的基层工会委员会；工会会员不足25人的企业、事业单位和机关单独建立的基层工会委员会；工会会员不足25人的两个以上单位联合建立的基层工会委员会；工会会员不足25人的企业、事业单位和机关选举的工会组织员；女职工委员会；乡镇、城市街道基层工会联合会。

□地方工会组织：地方总工会是工会的地方组织，它是按照我国地方行政区划建立的，包括省（自治区、直辖市）、省辖市（自治州）和县（市、旗、区）三级。

□产业工会组织：产业工会是按照国民经济体系的行业划分建立起来的工会组织。一般在全国、省、市（县）三级建立。主要有铁路、民航、金融、能源、轻纺、教科文卫体等工会。

□全国总工会：中华全国总工会是中国工会的最高领导机关，负责指导各地方和各全国产业工会开展工作，代表中国工会参加国际工会活动。

截至2013年年底，全国已建立276多万个基层工会组织。有会员2．9亿人，是世界上最庞大的工会组织。

（4）工会组织的作用

维护职工的合法利益和民主权利；动员和组织职工积极参加建设和改革，完成经济和社会发展任务；代表和组织职工参与国家和社会事务管理，参与企业、事业和机关的民主管理；教育职工不断提高思想道德素质和科学文化教育素质，建设有理想、有道德、有文化、有纪律的职工队伍。具体来说，在新的历史条件下，工会组织要发挥如下作用：

一是纽带作用。工会组织担负着联系职工、宣传职工、组织职工、团结职工的重要责任。党和政府与职工的联系，首先就是通过工会组织来实现的。工会组织并代表职工参加重大问题的讨论和决策，就是在充分了解职工意见和建议的基础上，在坚持维护国家利益、集体利益的前提下，坚决维护职工的具体利益，把国家、集体和职工个人三者利益关系处理好，使广大职工积极参与管理和建设。

二是渠道作用。工会组织是贯彻党的路线、方针、政策以及党组决策、单位规章制度的根本渠道。所有这些都要通过工会贯彻到实际工作中去，贯彻到干部职工中去，没有工会的有力贯彻传达这一渠道，党的路线、方针、政策和规章制度、决策都得不到全面落实。

三是组织作用。工会是以会员的形式把干部职工凝聚起来，形成一个整体，按照民主制度原则，组织会员参与管理、监督等各项工作，使广大干部职工真正发挥主人翁作用。

四是教育作用。工会的教育作用是由工会的群众性特点决定的。工会组织吸引和联系工人阶级，干部职工中又有先进、中间和后进之分，人员素质参差不齐，这就需要对干部职工进行教育。工会组织通过各种形式的活动，使干部职工在喜闻乐见、丰富多彩的活动中提高思想政治觉悟，学习和掌握科学文化知识和专业知识。

3. 工会享有哪些权利

工会享有的权利是《工会法》赋予的，这说明工会是一个有地位的、能干事的群众组织。它的权利主要是：

（1）代表权。指工会有代表职工利益的权利。“工会代表和维护劳动者的合法权益”，工会的代表权是工会的一项基础性权利，工会如果不具有这项权利，便不可能享有和行使其他权利。

（2）维护权。法律赋予工会：①维护职工的民主权利；②维护职工的劳动生产安全权。包括发现明显重大事故隐患和职业危害时有紧急处理权，有参加工程建设的劳动保护设施项目的审查验收权；③维护职工的劳动权益和经济利益；④有权教育职工以国家主人翁的态度对待劳动、爱护国家和企业的财产；⑤维护职工的学习权利。

（3）参与权。工会有代表职工参与国家和社会事务的管理以及参与企业管理的权利。其中，工会参与国家和社会事务的管理，包括参与立法、参政议政等内容。参与企业管理则包括通过职工代表大会和其他形式参与企业民主管理和民主监督，参与企业劳动争议处理等。

（4）检查与监督权。①监督企业、事业单位民主管理制度的执行情况；②对涉及职工利益的情况有权进行调查；③有权监督劳动法律、法规的执行；④有权监督有关保护女职工权益的法律、法规的执行；⑤对企业、事业单位处分职工，工会认为不适当的，有权提出意见。

（5）协商谈判权。

工会具有代表职工与企业一方就劳动报酬、工作时间、休息休假、劳动安全卫生和社会保险福利等事项进行协商谈判、签订集体合同的权利。

4. 工会维护职工哪些劳动权益

（1）维护职工的劳动就业权益

职工的劳动就业权益有以下几个方面：一是充分就业权，即职工享有实现就业的权益。二是平等竞争权，即农民工和城镇居民一样，女职工与男职工一样，在就业上享有平等竞争的权利。三是自主选择权，即职工可以充分自主地选择职业和工作岗位。四是自由流动权，即职工在市场机制下自由流动。五是自我维护权，即依法维护职工自身权益的权利。

我们农民工劳动就业权益受到侵犯，在现实中主要表现在就业和岗位选择存在歧视，由于我们没有城市户口，这使我们在就业选择范围上受到不少限制。即便我们被招聘到单位，也由于我们缺少技能知识，只能从事苦、脏、累、险的活。成为工会会员以后，我们就可以借助工会各类培训教育阵地资源，提高自己的技能技术水平，成为有竞争力的新一代产业工人。

特别提示

中央已经明确提出，从 2013 年起实施农民工职业技能提升计划，用几年时间使每一个农民工都能得到一次免费的基本职业技能培训。而全国总工会提出的计划是：各级工会培训机构每年至少培训 100 万人。

（2）维护职工的平等协商和签订集体合同权益

目前，用人单位与劳动者的地位显然是不平等的，用人单位往往利用自己的优势地位，无视劳动者特别是我们农民工的合理要求，不签订劳动合同、集体合同。

而我们农民工一方面由于法律意识淡薄，忽视劳动合同的重要性和必要性；另一方面即使具有法律意识，但由于自身地位的不利和就业岗位竞争的激烈也容易被迫就范。

工会组织能够代表职工与企业就工资、工作时间、休息休假、劳动安全卫生和社会保险福利等事项，经协商谈判订立书面协议，这一协议可以覆盖我们农民工，避免我们单枪匹马去谈判，成为我们与单位进行平等友好协商，改善工作待遇和环境的依据。

（3）维护职工的劳动报酬权益

不少用人单位为了降低人工成本，无视劳动者的权利，采取各种形式在支付工资时做手脚，或者恶意克扣，或者无故拖欠。我们加入工会组织成为工会会员以后，遇到单位欠薪、克扣工资的情况，工会就可以替我们做主，为我们出面去解决；如果工会马上解决不了，还可以帮我们向劳动行政部门反映情况，并帮助我们通过法律程序解决问题。

（4）维护职工的休息休假权益

一些用人单位肆意延长工作时间，超时加班加点，而置劳动者的身心健康于不顾。因为超负荷加班造成职工工伤甚至死亡的事件已经不是个案，令人触目惊心。休息休假是法律赋予职工的权利，工会组织也将为维护我们农民工享有这一权益而做出实际行动。

(5) 维护职工的劳动保护权益

在一些中小企业，为了降低生产成本，不重视安全生产保护，使劳动者处于危险作业和有害劳动环境之中，造成工伤事故多发和职业病伤害。对此，工会组织高度重视，加大对企业进行安全生产监督，督促企业按照《安全生产法》和《职业病防治法》的规定，加强对职工的劳动安全保护，改善工作条件，把劳动者的安全健康权利落在实处。

(6) 维护职工的职业培训权益

由于受到教育经费和教育资源的限制，我们农民工所接受的基础教育远比城里人少，就是有限的职业教育和技能培训，往往因为成本不菲使我们望而却步，其结果就是在日益激烈的就业竞争中处于劣势地位。工会组织担负着职工教育和培训的职责，加入工会使我们可以借助工会职业教育和技能培训的平台，学好技能，实现理想。

(7) 维护职工的社会保险权益

现实生活中，我们农民工参加社会养老保险的比例非常低，企业往往对农民工的养老保险费能不缴就不缴，能少缴

就少缴，瞒报人数、瞒报基数的现象往往都是针对我们的。工会组织也注重维护我们农民工社会保险权益，如果在这方面有问题，我们可以求得工会组织的帮助。

（8）维护职工提请劳动争议处理的权益

在劳动和工作过程中，我们不可避免地会跟用人单位发生劳动纠纷。如果出现劳动争议，我们完全可以通过工会去帮助我们解决。《工会法》明确规定："企业、事业单位处分职工，工会认为不适当的，有权提出意见。企业单方面解除职工劳动合同时，应当事先将理由通知工会，工会认为企业违反法律、法规和有关合同，要求重新处理时，企业应当研究工会的意见，并将处理结果书面通知工会。职工认为企业侵犯其劳动权益而申请劳动争议仲裁或者向人民法院提起诉讼的，工会应当给予支持和帮助。"

（9）维护职工的民主管理权益

我们新一代的农民工参与意识强，愿意参与国家和用人单位的事务。而工会在这方面做了很多工作。如在企业建立了职工代表大会制度，职工通过职工代表大会这一民主管理的有效形式，实现了对企业的管理。只要我们有能力又热心服务职工，我们完全可以被选为职工代表去参与管理，现实生活中这方面的例子已经很多了。

（10）维护职工参加和组织工会的权利

《工会法》第一条规定：在中国境内的企业、事业单位、机关中以工资收入为主要生活来源的体力劳动者和脑力劳动者，不分民族、种族、性别、职业、宗教信仰、教育程度，都有依法参加和组织工会的权利。任何组织和个人不得阻挠和限制。

特别提示

现实中，我们农民工的力量比较分散，只有加入工会组织，通过工会发挥集体的力量，才能使自己的合法权益得到真正的保障。

5. 工会维护职工权益的两个重要法律机制

《工会法》规定，“工会通过平等协商和集体合同制度，协调劳动关系，维护企业职工劳动权益。”“工会依照法律规定通过职工代表大会或者其他形式，组织职工参与本单位的民主决策、民主管理和民主监督。”

（1）平等协商和集体合同：工会代表职工与企业、事业单位的行政方面及产业部门、雇主及雇主团体之间就劳动报酬、工作时间、休息休假、劳动安全卫生、保险福利等进行协商谈判，并在协商一致的基础上签订书面协议。这个协议

被称为集体合同。由于集体合同是结合企业的具体情况，把法定的各项劳动标准、劳动条件与劳动者的权益具体综合起来加以规范的。而且它的覆盖面广，法律效力高于劳动合同，还要到劳动部门进行备案，所以，它从整体上使职工的合法权益得到有效的维护。

（2）职工代表大会：这是职工行使民主管理权利的机构。通过职工代表大会，职工群众参与企业的民主决策、民主管理和民主监督，共商企业大事，反映自己的基本需求，民主评议干部，使职工的政治与民主权利得到落实。

在农民工比较集中的非公有制企业，职工同样可以通过工会组织与企业平等协商、签订集体合同以及召开职工代表大会或是劳资恳谈会等多种形式，协调劳动关系，维护自己的

权益。

6. 新城镇化进程中工会服务农民工的重点

一是要积极扩大工会工作覆盖面，努力把工作做到所有职工群众（包括农民工）中去，把更多职工群众吸引到工会中来、吸引到工会活动中来，使工会组织真正成为职工群众信赖的“职工之家”，工会干部真正成为听党话、跟党走、职工群众信赖的“娘家人”。

二是要努力推动各级政府实现基本公共服务均等化，帮助有相对稳定职业的农民工在城镇安家落户，提高他们的归属感；不断提高农民工基本医疗、基本养老等基本保险的参保率，并积极推动与城镇职工、居民保险的异地转移接续；协助政府做好棚户区、城中村改造，改善广大农民工居住条件；推动解决农民工工资拖欠、同工同酬、职业培训和子女教育等实际问题。

三是做好新生代农民工思想政治工作，切实维护好包括农民工在内的广大职工的合法权益，切实维护职工队伍和社会稳定。

四是充分利用工会各类培训教育阵地资源，以农民工为重点群体，以岗位技能提升为主攻方向，深入开展“技能培训促就业行动”，切实提高农民工技术技能水平，推动建设技工大国。

五是努力提供更多高水平的精神性、发展性服务，丰富农民工的文化生活，满足农民工的精神需求。

特别提示

从2008年开始，全国总工会开展了建设“职工书屋”工程，每年在缺乏阅读条件的基层企事业单位、城市社区、工业园区、乡（镇）村、重点建设项目工地、农民工相对集中的行业、集宿区等建设1000家“职工书屋”，为我们农民工学习知识、获取信息、提高素质、丰富文化生活提供便利条件。

六是加大对农民工的帮扶力度。各级工会整合职工困难帮扶中心的资源，建立起为农民工“一站式”的服务机构。通过职工帮扶中心，可以提供求职、技能培训、小额贷款、困难帮扶、法律援助等一条龙服务。扎扎实实地解决广大农民工最关心最直接最现实的利益问题和面临的最困难最操心最忧虑的实际问题。

三、怎样加入工会

你们是工会的新鲜血液。

——中铁某局集团工会主席对农民工新会员的祝贺词

1. 加入工会要符合两个条件

《中国工会章程》第一条规定：“凡在中国境内的企业、事业单位、机关和其他社会组织中，以工资收入为主要生活来源或者与用人单位建立劳动关系的体力劳动者和脑力劳动者，不分民族、种族、性别、职业、宗教信仰、教育程度，承认工会章程，都可以加入工会为会员。”这一规定表明，加入工会要具备两个条件：

（1）以工资收入为主要生活来源或者与用人单位建立劳动关系是职工加入工会的必要条件

以工资收入为自己生活主要来源，是工人阶级成员的主要标志。我们农民工根据地在农村，岗位在城市。尽管尚未完全走出农村这片天地，但是在务工期间，也是以工资收入为主要生活来源的，已经具备了工人阶级的基本特征，所以完全可以成为工人阶级的新成员。

特别提示

以工资收入为主要生活来源，指生活费用支出的大部分是依赖于个人的工资、津贴、奖金或其他工资性收入。

随着劳动就业形式的多样化，职工工资收入形式也有所不同，一些劳动者如通过租赁、承包、提成等方式获取收入的出租车司机、保险公司的业务员、包工的建筑业的农民工等，他们与用人单位建立了劳动关系，从事的劳动属于非农业生产性质，所拿的报酬虽然不是以“标准”的工资形式支付的，但这些报酬是他们主要的生活来源，所以他们都属于职工范围，都有加入工会组织的权利。

（2）承认中国工会章程是职工加入工会的前提条件

工会是工人阶级的群众组织，把众多的职工组织在一起，就需要有一个共同遵守的章程。《中国工会章程》规定了会员的权利、义务，明确了工会的社会职能、组织制度等，是规范会员思想行为的准则。每个申请入会的职工，都要求承认《中国工会章程》，正确行使会员的权利，认真履行会员的义务，才能将全体会员组织起来，保持工人阶级和工会组织的团结统一。

2. 加入工会很方便

（1）加入工会不需要介绍人介绍。经自愿申请，符合条件，基层工会批准后，即成为工会会员。

（2）加入工会不需要进行考验。不需要调查社会关系，没有政治审查，也没有考验期、预备期。

（3）加入工会没有工龄限制。城镇离退休职工，尽管离开工作岗位，但只作保留会籍处理，会员证仍由职工个人保留。

> **特别提示**
>
> 职工申请入会采取自愿的原则，只要承认《中国工会章程》，自愿申请加入工会组织，任何单位和个人不得以户籍或工作时间长短为由限制其加入工会。

（4）加入工会没有宗教信仰限制。

3. 加入工会的一般程序

《中国工会章程》第二条规定："职工加入工会，由本人自愿申请，经工会基层委员会批准并发给会员证。"这一规定概括地明确了职工入会的程序，即：本人申请——基层工会委员会批准。

（1）本人自愿申请

由要求入会的职工向所在单位工会提出书面或口头申请，填写《中华全国总工会入会申请书》和《工会会员登记表》，报基层工会委员会。

（2）基层工会委员会批准并发给会员证

基层工会委员会接到职工入会申请书后，应当及时召开会议，研究审查接纳职工入会事项。主要内容有：申请人是否符合入会条件；是否自愿；是否符合入会手续。凡符合条件和入会手续的，应当批准。批准后发给其工会会员证，并通知申请人从何时起交纳会费。

工会会员证作为农民工入会的证件，与城镇职工会员证相同，贴有会员的近期免冠照片，并加盖印章，载明会员的权利和义务，以及组织关系接转栏目。

中华全国总工会入会申请书

我自愿加入中华人民共和国工会，遵守工会章程，执行工会决议，积极参加工会活动，为把我国建设成为富强民主文明和谐的社会主义现代化国家而奋斗。

申请人：

年　　月　　日

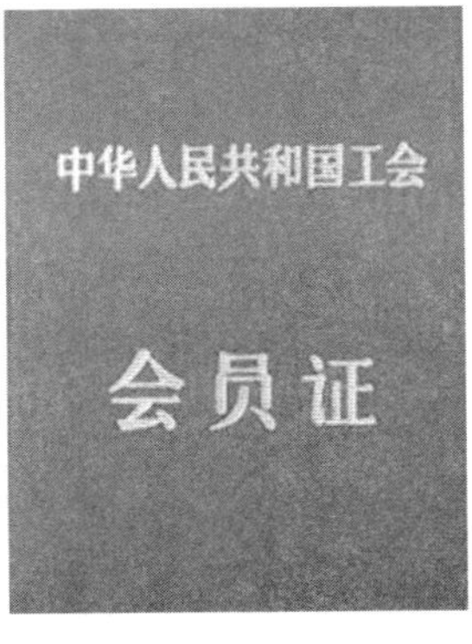

工会会员登记表

<table>
<tr><td>姓 名</td><td></td><td>性 别</td><td></td><td>出生日期</td><td></td><td>民族</td><td></td></tr>
<tr><td>籍 贯</td><td></td><td>文化程度</td><td></td><td>政治面貌</td><td></td><td>工资</td><td></td></tr>
<tr><td>工作单位
及职务</td><td colspan="7"></td></tr>
<tr><td>家庭住址</td><td colspan="7"></td></tr>
<tr><td>个
人
简
历</td><td colspan="7"></td></tr>
<tr><td>基层工会
意　　见</td><td colspan="7">（公章）
年　　月　　日</td></tr>
<tr><td>备注</td><td colspan="7"></td></tr>
</table>

基层工会会员证领取登记簿

会员证编号	姓名	性别	民族	籍贯	出生年月	参加工作时间	入会时间	领取会员证时间	领证签名

4. 灵活的入会方式

目前，各地工会在发展我们农民工入会过程中，为方便我们入会，简化了入会手续，实现了入会形式多样、便捷。

（1）“会员登记入会”式。一些地方工会在大量集中发展职工入会，很难同步为工会会员办理各种手续的情况下，简化工作程序，先登记造册，再逐步填写《工会会员登记表》，发放《工会会员证》。

（2）“灵活会籍管理入会”式。一些地方针对职工特别是农民工流动性大的实际，采取“流动会员”、“团体会员”、“会员登记”等办法，最广泛地吸纳职工入会。

（3）“一张表的职工入会”式。一些社区对以工资收入为主要生活来源的劳动者，只要本人填写一张《入会申请表》，经审核后，就可以成为居住地社区工会的会员。

（4）“劳务输出地入会”式。一些地方抓住源头入会这一关键，在农民工外出务工前进行登记，发展为会员，核发会员证。当我们外出务工时，将工会组织关系接转到用人单

位工会。

（5）“劳动力市场入会”式。一些地方在劳动力市场组织农民工加入工会，使他们一进入城市就业就成为工会会员。农民工到用人单位就业，凭《工会会员证》接转会员组织关系；尚未就业时，会员组织关系由劳动力市场管理。

通过以上方式，最大限度地实现了吸引和组织我们农民工加入工会。

5. 在哪里入会好

（1）在务工企业入会

近年来，尽管多种形式的工会建会模式如雨后春笋般地不断涌现，但是就其总量而言，企业工会占了绝大部分。在务工企业直接加入工会，是最为便捷、最为有效的入会方式。

与在家乡地加入工会一样，在用工企业首次加入工会后，只要“一证（即会员证）在手”，便能“持久通用”。如果与该企业解除了劳动关系，转到另一企业务工时，可持证在新企业办理会员组织关系接转手续。有一些用工企业出于自身利益的考虑，往往人为设置诸如在本企业工作几年或几个月以上，方能加入工会的附加条件，导致我们不能及时加入工会。这一行为与工会组织的群众性是背道而驰的，我们在用工企业加入工会时应据理力争。在积极争取的情况下，仍然不能解决入会问题的，可以向用工企业工会的上一级工会组织提出帮助请求。

（2）在社区工会入会

如果务工企业尚未建立工会组织，在社区加入工会不失

为一种较好的方式，特别适合那些在小餐饮、小门店、小加工、小超市、小修理“五小”经营实体和靠做家政服务，以及临时工、季节工、轮换工、小时工的我们农民工加入工会或接转会员组织关系。而且，农民工在所属的社区工会入会。因社区工会有提供劳动就业、法律咨询、生活扶助等服务功能，因此，在与雇主解除劳动关系后，或遇到侵权问题，或是生活出现极度困难的情况，可以请求社区工会帮助寻找新的就业机会，寻求提供法律援助服务和生活救助。另外，社区作为街道办事处的下属机构，党组织比较健全。在党组织领导下，社区工会工作基础较为扎实，服务会员的意识比较强。在所辖社区加入工会，确为那些非正规就业，或者说是“零散”就业的农民工加入工会的最佳选择。

在务工地的社区加入工会，其程序与在用工企业加入工会方式基本相同。农民工应向社区工会如实汇报具体从事工作的单位名称、位置、规模，从事工作的行业性质等，便于社区工会安排编入合适的工会小组或行业工会联合会，以顺利地参加社区工会组织的各项活动，最充分有效地履行会员的义务和应享有的会员权利。会籍管理也同样适用会员流动制和会员确认制，会员关系随劳动关系转移。

（3）在街道工会入会

街道工会比较适合务工企业未成立工会，所在社区也未成立工会的农民工在务工地加入工会。其入会程序和手续办理仍与在家乡工会已经入会，然后到街道工会办理会员组织关系接转手续的方式相同。农民工在街道工会，同样是一次入会，务工期间通用，实行流动会籍制和会员确认制，一旦成为街道工会正式会员。就要积极参加街道工会及其下设的工会分会、工会小组的各项活动，履行会员义务，享有会员权利。

（4）在行业工会入会

行业工会是近年来在行业协会中组建起来的同一行业职工自愿结合的群众组织。行业协会担负着规范行业管理、促进行业发展的任务。而规范行业管理，除了行业准入标准、行业资质认证等内容外，还包括指导企业健康成长，协调会员单位内部建立和谐稳定的劳动关系，帮助企业履行好社会责任。

我们农民工在务工地加入行业工会，较之于加入用工企业、社区、街道工会，维权问题解决的力度和效果都略有区别。一是因为同一行业的员工有共同的利益诉求，侵权行为也有大致相同的方式，行业工会在获得侵权信息、把握维权标准方面有其优势，便于从源头上、从制订行规标准等方面进行大范围的维护。二是行业协会对会员单位有监督、约束、规范的职能，依托协会建立的行业工会可以借用这方面的手段，对企业的侵权行为进行监督，提出处理意见，敦促其纠正。企业如果还想在这个行业里生存发展的话，是要接受行业工会意见的。因此，由行业工会出面维护行业内员工利益，将会比由地方或者社区工会更有效、更直接、更到位。

加入行业工会的方式，较为适合那些具体从事同一行业的人员较多，务工单位行业、特性非常明显的农民工。比如从事建筑业的农民工、的士司机、纺织工人等。他们在入会或者会员关系接转手续的办理方式上，与在社区、企业工会相近。

（5）在工业园区工会入会

园区工会是指在工业园区、工业开发区等新建企业相对集中的园区成立的工会联合会的组织模式。园区内的企业无上级主管部门，互不统属，规模大小不一，员工有多有少，行业五花八门，且不少企业虽在园区内注册，可经营生产场所却分布在园区之外。它们和园区管理委员会或园区物业管理公司有着密切的联系。管理委员会和物业公司本身均有工会组织。作为园区工会联合会的“组织源”，有可利用的组织基础和基本干部队伍。工会联合会主要是维护服务功能。

维权目前主要是以三方协商机制（管理委员会代表政府，工会和业主委员会）为平台，以签订工资集体协议为维权主要手段来开展工作的。

加入园区工会，与加入社区工会相似，同样适用于务工企业未建工会组织的农民工。农民工成为园区工会会员后，应积极配合园区工会，推进三方协商机制建设，为从源头上维护自身权益，确保合法权益不受侵犯奠定基础。

（6）在楼宇工会入会

随着中小企业的飞速发展，一种市场经济下的新型工会组织——楼宇工会应运而生，它以商务楼、写字楼为依托，将其中的企业联合起来，成立工会联合会或者联合工会。楼宇工会会员多来自正规的公司制企业，综合素养相对较高。楼宇工会是介于上级工会和基层工会之间的一级工会组织，它所代表的是成员单位共同的整体利益。还具有跨企业、跨行业、属地化、非行政化的特征。新近又出现了“工会工作处”，如上海静安区的商务楼内的“工会工作处”，主要是针对企业规模小，无法独立建立工会的大楼。如上海华侨大厦、国际贵都大酒店东楼等。它的主要工作内容为：帮助建立楼宇联合工会或楼宇工会联合会；指导和帮助处理楼宇内已建立独立工会的工作和事务；协调楼宇内职工与业主、工会与企业的关系；为楼宇内未入会的职工办理入会手续；为签订劳动合同谈判提供法律、人才流动、劳动保障、文化教育、医保等方面的咨询，并对困难的农民工提供法律援助等。

从楼宇工会以及新近产生的“工会工作处”的特征和职能看，农民工加入楼宇工会，能够加强与务工企业外的职工

联系，对开阔视野、提升自身素质有很大帮助，同时也是维护自身政治、经济、文化和生活权益的基础。

（7）在施工项目工会入会

各种城市建设项目一般都有几十个甚至上百个工程队参与建设，大部分地方已经在工地所在区县的总工会介入下，与项目中标单位先组建外来劳务工联合工会。

农民工在施工项目工会入会较为方便快捷，提出入会申请后经所在施工项目工会分会批准即可入会，会员关系随劳动关系流转，项目建在哪里，工会组织跟在哪里，会员关系就转到哪里。这样也较好地解决了从事建筑行业的农民工就业流动性强，各项保险等权益难以实现的实际问题。

（8）在零工市场工会入会

零工市场工会是一种让农民工在务工地实现“源头入会”的工会组织新模式，很多地方都采用了这种方式。进入城市劳动力市场，谋求就业岗位时，即可以联络当地的零工市场的工会组织，在未到就业岗位前，就可以通过简单的程序加入工会组织。走上工作岗位后，可直接在用工企业、社区、街道、园区、楼宇等工会组织办理工会组织关系接转手续。而在自身合法权益受到侵害时，也可依靠所转入的工会和零工市场工会寻求帮助和支持。

(9) 在村工会或村工会联合会入会

随着经济的发展，农村经济产业化规模不断扩大，村办企业逐步增多，在村办企业就业的农民工也急剧增加。在经济发达地区，一个村往往就有几十甚至上百家企业，亿元村比比皆是，经济形态与城市已没有太大差别。通过加强村工会建设，在村内各企业单独建立工会组织的基础上建立村工会联合会，组织在村办企业中就业的我们农民工加入工会，是组织我们农民工入会的一个重要途径。如果农民工所在村建立有村工会或工会联合会，那么就可以加入工会组织，成为工会会员，享有工会会员应有的权利和义务。农民工在村工会入会，需要填写会员登记表，领取会员证。如果农民工外出务工，可以通过办理转移接续，成为务工地的工会会员。

特别提示

只要我们愿意加入工会，到哪都可以入会。因为工会组织的大门永远是向我们敞开的。

6. 劳务派遣工如何入会

劳务派遣工入会方式，因派遣单位有可能在农民工的家乡地，也有可能在其所在的城市，因此再做一下特别介绍。

劳务派遣这一用人方式，最早起源于日本、美国，特点是劳务派遣企业“招人不用人”，用工单位“不招人用人”，即用人单位通过第三方也就是拥有相关资质的劳务派遣公司来租借劳动力，所租借的劳动力身份上属于派遣公司，工资、社保、经费、加班费、个人所得税等，每月底由用工单位划拨到派遣机构，再由派遣机构代发、代扣。因此，劳动力与用工单位只存在劳务关系，而不存在劳动关系。近年，随着我国改革开放的不断深化、社会劳动保障制度的不断完善以及新一代求职者就业观念的变化，劳务派遣开始在不同层次的劳动力市场、人才市场得到发展。

然而一个时期以来，由于一些派遣单位与用工单位职责不清，相互推诿，相当数量的劳务派遣工还没有组织到工会中来，权益也难以保障。为最大限度地把包括劳务派遣工在内的广大职工组织到工会中来，切实维护其合法权益，根据《工会法》、《中国工会章程》的相关规定，2009 年中

华全国总工会出台《关于组织劳务派遣工加入工会作的规定》，对劳务派遣加入工会问题进行了说明。规定指出，劳务派遣单位和用工单位都应当依法建立工会组织，吸收劳务派遣工加入工会，任何组织和个人不得阻挠和限制。劳务派遣工应首先选择参加劳务派遣单位工会，劳务派遣单位工会委员会中应有相应比例的劳务派遣工会员作为委员会成员。劳务派遣单位没有建立工会组织的，劳务派遣工直接参加用工单位工会。在劳务派遣工会员接受派遣期间，劳务派遣单位工会可以委托用工单位工会代管。劳务派遣单位工会与用工单位工会签订委托管理协议，明确双方对会员组织活动、权益维护等的责任与义务。

特别提示

我们农民工中不少人属于劳务派遣工。在与劳务派遣单位签订用工关系后要尽快加入派遣公司工会，依靠工会组织的支持和帮助，维护自身合法权益。

7. 加入工会的一些常见疑问

（1）加入工会要交钱吗?

加入工会需要缴纳会费，用以维持工会工作的开展。

根据中华全国总工会规定，工会会员应依据月工资收入的0.5%按月向基层工会缴纳，工资尾数不足10元的，不计缴会费。如，我们一个月的工资是600元，那么我们每个月需要缴纳600×0.5%，也就是3元钱。没有固定收入的会员，可按本人上月所得工资额计算缴纳会费。会员所缴会费，全部留作基层工会开展工会活动，慰问困难职工使用。工会会员有特殊困难，可由本人申请，工会小组讨论，基层工会批准，一定时期内可免缴会费。农民工回农村务农期间，因无工资性收入，可保留会籍关系，免缴会费。

缴纳会费是会员的义务，我们应按标准足额主动缴纳。

（2）回家务农期间，我还是工会会员吗？

回到家乡务农期间，因不再以工资收入为主要生活来源，但又有可能再进城镇务工。因此，无论是在家乡地入会的，还是在务工地入会的，都应作保留会籍处理。农民工会员保留会籍期间，不再享有原务工企业的选举权和被选举权等其他会员的正常待遇。但《会员证》仍由持证者本人保存。

保留会籍期间，免缴会费。再次外出务工时，凭《会员证》可在务工地工会接转组织关系，同时恢复会籍，履行会员义务，享有会员权利。

（3）我可以自由退会吗？

会员退会自由。我国工会组织的建立实行自愿结合的原则，职工享有入会自愿、退会自由的权利。只要由本人向工会小组提出申请，经工会小组全体会员讨论通过，报工会基层工会委员会批准，由工会基层委员会宣布其退会并收回会员证，会籍就自动解除了。

但是如果没有正当理由连续六个月不缴会费，不参加工会组织生活。经教育拒不改正。也被视为自动退会。做出这种规定，是因为参加工会组织生活、缴纳会费是会员应当履行的义务，也是工会组织对会员的基本要求。如果长期不参加工会组织生活，不缴纳会费，实际上等于已经脱离了工会组织。对这样的会员，工会组织做出“视为自动退会”的处理，对于增强会员的组织观念，加强工会的组织建设是十分必要的。对会员做出“视为自动退会”处理意见，应由该会员所在工会小组全体会员讨论同意，并由小组书面报告基层工会批准，宣布除名，并将决定告诉本人，会员证自动失效，并由基层工会收回。

四、工会会员的权利和义务

1. 工会会员享有哪些权利

加入工会，成为工会会员，就可以依法行使会员的权利并履行会员的义务。根据《中国工会章程》的规定，工会会员享有以下六种权利：

（1）选举权、被选举权和表决权。这是工会会员最基本、最重要的权利。选举权，就是会员有选举出席工会代表大会代表和工会组织领导人的权利。被选举权，就是凡工会会员都可以当选为职工代表和各级工会组织的领导职务的权利。当然，当选工会组织领导人需要一定的条件，但首先必须是工会会员，若连工会会员都不是，则不能作为工会干部候选人。表决权，就是会员有权对工会委员、工会领导候选人、工会会议的决议、决定等，表示赞成、反对或弃权的权利。

工会实行民主集中制的组织原则，一切工会组织，从工会小组长到工会基层委员会委员，直到全国总工会执行委员会委员，都应由民主选举产生。对于那些不宜做工会工作的人或不够条件当工会领导干部的人，工会会员代表或工会代表大会应代表广大会员的意愿，行使表决权。工会实行民主选举，这是工会组织能否真正体现会员意志和代表会员意见的关键。

（2）批评和监督的权利。这是对选举权的补充与保障。一切工会组织和工会干部，都是由会员选举出来作为自己的代表者，为大家说话办事的。如果不能代表大多数会员群众说话，会员当然有权提出批评意见。对于少数违法乱纪或有严重失职行为，已经完全失去会员信任和拥护的工会干部，每个会员都可以提出撤换或罢免他的建议，要求他的选举单位依据事实，集体做出决定。

（3）对国家和社会生活问题及本单位工作提出批评与建议，要求工会组织向有关方面如实反映的权利。工会会员既是工会的主人，也是国家的主人。会员通过工会组织反映自己对国家和社会生活方面的意见，是参与国家事务、社会事务的途径和形式。会员有对国家生产和社会生活问题提出批评与建议，有要求工会组织和有关方面如实反映情况的权利。若工会组织或某些工会领导干部不能如实反映会员群众的意见、建议和要求，就属于一种失职行为。对于这种失职行为，工会会员都有权对其提出批评意见。工会组织对一些重大的和带共性的问题，可以反映给各级党组织和各级政府，直至党中央、国务院、全国人民代表大会。工会的这项权利，体现了工会会员是国家和社会的主人。

（4）在合法权益受到侵犯时，要求工会给予保护的权益。任何工会会员在合法权益受到侵犯时，都有要求工会予以保护的权利。这项权利体现了工会是广大职工群众的代表者。如果会员参加企业、事业单位民主管理的权利，受到漠视和侵犯，会员由于批评和揭发某些领导者的违法失职行为而受到压制、打击、报复，或者由于官僚作风严重，职工劳动条件很差，或安全生产受到威胁，或工资被无故拖欠，或被强制延长工作时间、加大劳动强度、随意加班加点且拒不给予相应报酬，或因工伤伤亡不按政策法规理赔，或单方面解除劳动关系等问题，会员都可以要求工会与有关方面协商交涉，直至提出诉讼。

工会组织有责任反映会员的呼声和要求。向一切侵犯会员合法权益的人和事作斗争，维护职工群众的合法权益。对于工会干部的失职行为，广大会员群众可以联合起来，共同建议，召开代表大会首先对其提出批评教育，经过批评教育仍不改正的，应坚决罢免，以免给工会组织和工会会员的利益带来更大的损害。

（5）享有工会举办的福利、优惠待遇和奖励的权利。会员有参加工会活动，享受工会举办的文化、教育、体育、旅

游、疗休养事业等优惠待遇和享受工会给予的各种奖励的权利。工会的活动除了工会组织的正常的民主生活等活动外，还有读书活动、知识竞赛、文艺演出、体育比赛、运动会等各种各样丰富多彩的活动。工会举办的事业有俱乐部、文化宫、游艺室、图书馆（室）、阅览室、体育馆（场）、电影院、疗养院、各种教育培训中心、院校、职工大学等，都是为职工群众服务的。每个会员都有权利参加这些工会活动，并享受这些事业单位规定的会员优先或优惠的各种待遇。这样，不仅可以吸引广大会员踊跃参加工会活动，从中受到教育，增进身心健康，还可以使会员更加关心工会的共同利益。

（6）在工会组织内的言论自由权。在工会会议或工会媒体上，每个会员都有参加关于工会工作和职工关心问题的讨论权利。每个会员都可以在工会的会议上，包括工会小组会、会员大会和会员代表大会等，直接或间接（通过自己的代表）对工会工作提出意见和建议，也可以利用工会所办的报纸、刊物以及微博、微信、网络等各类媒体上，在更大范围就工会工作的某一个或某几个问题展开讨论。

会员在会员大会上对于工会组织的决议、决定进行通过时，可以行使表决权，表示自己赞成或者反对的意见，任何人不得干涉。只有根据全体会员一致的或多数会员的意见做出的决议、决定，才是有效的。

2. 工会会员要履行什么义务

工会会员既要充分享受自己的权利，又要认真履行自己的义务，只有这样才能称得上一名合格的工会会员。按照《中国工会章程》的规定，会员要履行以下义务：

（1）学习政治、文化、科学、技术和工会基本知识的义务。

（2）积极参加民主管理，努力完成生产和工作任务的义务。

（3）遵守宪法和法律，践行社会主义核心价值观，维护社会公德和职业道德，遵守劳动纪律的义务。

（4）正确处理国家、集体、个人三者利益关系，与危害国家、社会利益的行为作斗争的义务。

（5）维护工人阶级和工会组织的团结和统一，发扬阶级友爱，搞好互助互济的义务。

（6）遵守工会章程，执行工会决议，参加工会组织生活，按月缴纳会费的义务。

3. 行使会员权利与履行会员义务应把握的原则

（1）我们既要享受权利，同时也要履行义务。

（2）所有会员的权利和义务一律平等。我们都来自五湖四海，不管是城镇职工还是农民工，在工会组织里的地位都是一样的。我们加入工会后，与其他会员享有同等的权利和义务，该履行的义务要履行到位，该行使的权利要行使到位。特别是涉及我们切身利益的问题，要敢于说话，主张权利。

（3）依法合理表达自己的利益诉求。当前，侵犯我们农民工合法权益的事情屡屡发生。解决侵权问题，实现自身权益首先要依法，在政策法律的许可范围内开展维权活动，切不可采取杀人、绑架等过激行为而触犯法律，从维权的一个极端走向了另一个极端，这不仅危害了社会稳定，同时也伤害了自己和家人。

特别提示

要实现自身的合法权益，必须把握好“度”，做到有理、有据、有节。有理就是符合政策法律规定，不提无理要求，不搞无理取闹。有据就是有真凭实据，比如拖欠工资的欠条，工伤事故的鉴定书等，能够证明确实存在侵权行为；有节就是要有节制，既要考虑自身权利不受侵犯，又要考虑如何才能又快又好地解决侵权问题。

五、工会服务农民工的实事与好事

2012年，全国总工会启动了“面对面、心贴心、实打实服务职工在基层”活动，各级工会组织和广大工会干部，放下架子扑下身子、走出机关接上地气、深入基层为职工服务，切实增进对职工群众的深厚感情，为包括我们农民工在内的职工做了许多实事、好事，解决了职工群众最盼、最急、最忧、最怨的问题，得到职工群众的一致好评。通过工会组织的面对面服务、心贴心服务、实打实服务，我们切实感受到了工会“娘家人”的温暖。

1. 工会服务在我们身边

镜头一：工会帮我找工作

今年42岁的李小花是成都郊区的农民，十年前被招聘到成都某工厂工作，是工会会员。2011年8月因单位搬迁至什邡而解除了劳动合同，只得回原籍做点小生意维持生计。因为丈夫瘫痪19年之久，家庭生活来源全靠其微薄的收入支撑。2012年10月，成都市某区总工会工作人员在调查走访中得知李小花一家的困境后，迅速将其纳入区总工会建档困难职工，并推荐她聘用上了下属街道流动人口协管员。在工会的帮助下，李小花逐步摆脱了生活的困境。李小花感激地说："我女儿王晓婧现在已经读大学了。她时常都在我面前念叨区总工会阳光助学和金秋助学对自己的帮助，女儿说以后毕业工作后，一定会好好工作，尽自己所能帮助身边需要帮助的人。"

一句话点评

扶贫帮困是工会组织的拿手好戏。

镜头二：工会年年帮我们买票

收拾好行李后，富士康精密电子廊坊有限公司（以下简称廊坊富士康）LX事业处SMT生产线组长刘广立，登上开往廊坊市客运站的公交车。"回老家山东省聊城市的大巴6时30分开，可我早在十多天前就在工会的帮助下买到了返乡车票。有了工会的帮助，我们再也不用为返乡车票发愁了。"

在廊坊富士康打工8年的刘广立对返乡难深有体会，"之前我们都是自己去车站买票，或者从网上抢购火车票。但火车票不仅一票难求，还得去北京倒车。2008年，到腊月二十九那天我也没抢到车票，最后幸亏找到人拼了一辆车才赶回家过年。自从2011年，工会开始帮我们协调返乡车票后，每年我们都能提前十几天拿到返乡车票。有了工会的帮忙，我们返乡越来越便利了，心情也舒畅了。”

与刘广立一样得以顺利返乡的，还有在廊坊富士康打工的1859名来自全国各地的工友。“1月22日至1月29日，1859名农民工将陆续踏上返乡的列车或汽车。”廊坊富士康工会组织部干事罗石风说，“为了帮助在公司打工的近2000名我们农民工春运期间顺利返乡，去年12月我们根据公司放假安排，开始协调车辆。1月2日以邮件的形式征集农民工需要乘坐的车次后，1月15日，我们协调廊坊市交运集团在廊坊园区建立购票服务站，提前十几天开始卖票。同时我们赶到北京西站协商为100余名农民工预留车票。”在廊坊富士康工会的帮助下，近2000名农民工都顺利地拿到返乡的车票。罗石风说，“助农民工返乡如今已成为工会年终岁尾为农民工举办的‘保留节目’。农民工节后上班时，我们会按照省内100元每人、省外200元每人的标准将乘车补助打到他们的工资卡上。自2011年开展此项活动以来，我们已经累计帮5176人次农民工顺利返乡。”

一句话点评

工会的温暖伴随我们的平安返乡路。

2. 要维权，找工会

镜头三：工会帮我跨省讨工资

我今年49岁，2013年7月去了山西省的一家私人经营的铁矿做打钻爆破工作。今年年初，我在包工头聂某承包的班内干活。聂某与矿方口头讲好每掘进一米付600元。8月份，矿方结账后告诉聂某，以后每掘进一米变为500元，聂某同意后也将这个价格告知了我。9月30日，我提出不干了，要求矿上把9月份工资付给我，但矿上一直不给。

10月17日，我又来到矿上要工资，谁知不但没要到，还被殴打，头部严重受伤。无奈之下，我妻子尝试着向老家的市总工会反映了此事，寻求帮助。

没想到，老家的市总工会一位负责人陈部长马上联系了我，详细了解情况。陈部长告诉我，市总工会已经向铁矿所在地的市总工会去函，要求帮助我解决工资被拖欠和被打伤的赔偿问题。湖南省总工会也就我的情况致函山西省总工会，提出相应的帮助要求。

山西方面接到专函后，立即通知矿方负责人、矿方包工头、派出所办案民警和我一起协调处理此事。10月22日晚，各方就我9月份的工资进行了调解，我最终拿到了当月工资4100元。

可是，我被打伤的事情还没有得到处理。10月23日，老家市总工会和公安机关协调。经过不懈努力，铁矿终于为我出了全部医疗费，并支付了2万元人身伤害赔偿费。

工会帮我跨省讨工资，说实话，真的让我非常感动。

讲述人：卓儒选（张家界市慈利县杉木桥镇豹子村农民）

一句话点评

工会真是值得我们农民工信赖的组织。

镜头四：山西省工会全力帮农民工讨薪

帮农民工讨薪，为党政分忧——2014 年 1 月 17 日，省总工会再次响亮提出“农民工拿不到工资找工会”，并向社会公布省市县三级工会固定联系人的手机号码。这是山西省工会一个月为农民工讨薪千万元后，再次主动作为，为需要帮助的农民工提供帮助，稳定职工队伍，维护社会和谐。

对于辛苦一年的农民工来说，领工资回家过年是天大的事情。而每年春节又是拖欠农民工工资的易发、多发期，很容易酿成不稳定情绪和社会事件，形势严峻。2013 年 12 月，山西省总工会主动承担责任，把为农民工讨薪作为当前工作的大事急事，并对各级工会明确三点硬性要求：明显处悬挂条幅，让农民工知晓；公布手机电话，专人负责；建立临时应急救助专项资金，农民工有明确单位、正式合同时，可先垫付合同金额的 70%，让农民工先拿工资回家过年。此后，各级工会积极行动，全力以赴帮农民工讨薪。截止 2014 年 1 月 10 日，11 个市级工会全部建立 100 万或以上的应急周转金，全省共帮助 965 名农民工讨回工资 1262 万元，占到投诉人数、工资金额的一半以上，其余投诉正处于调查处理、提供法律援助等各个阶段，做到了件件有进度、有回音。

“短短十天，帮我们要回拖欠了两年多的 86.1 万元工资。”1 月 17 日，来自河南、安徽、四川、陕西的被欠薪的 58 名农民工联名向省总工会寄来感谢信。他们说，工会干部的帮助，让我们觉得有了党和政府的依靠，我们不再是单个无助的人。

省总工会相关负责人表示，马上到春节了，希望用人单位都能将农民工辛苦所得发给他们。如果有恶意欠薪或以暴力手段对付讨薪农民工的，工会将旗帜鲜明地运用法律手段维护农民工合法权益。

（资料来源：《山西日报》2014 年 1 月 21 日）

一句话点评

“农民工拿不到工资找工会”，真牛气！

镜头五：工会给农民工劳动维权力量

春节前夕，向永兴怀揣武汉市青山区总工会给的 2000 元补贴和 800 元红包，登上了开往重庆老家的火车。

向永兴告诉记者，青山区总工会不仅给了他为我们农民工讨薪维权的力量，还对他个人生活特别关心，让自己能安安心心过一个好年。

36 岁的向永兴出生在重庆奉节县的偏远山村。1996 年在老乡介绍下只身来武汉打工。2000 年的一次偶然工伤，让他踏上了劳动维权的道路。只有初中文化的他感到，一个不懂法律知识的农民工欲为正当权利讨要说法是多么困难，他决定一边在武汉打工，一边学习《劳动法》、《劳动合同法》、《工伤保险条例》、《民事诉讼法》等法律法规知识等，帮助家乡农民工维护合法权益。

此后 10 余年间，他免费参与处理维权案件 20 余起，为近 500 名农民工兄弟讨回薪酬及工伤索赔超过 200 万元。2011 年 11 月，向永兴也因此被评为重庆市“十佳”农民工，并获得重庆市五一劳动奖章。

比起获得这么高的荣誉，2011 年里更让向永兴高兴的是，“重庆市奉节县在汉务工人员维权站”终于在武汉市青山区总工会正式挂牌成立，向永兴带领3位志同道合的同乡工友一道加入。

向永兴说，以前都是单兵作战，自己虽然已经对整个申诉讨薪程序非常熟络，但最终定案往往需要一两个月。“加入工会后，因为有专业人士支持，不但我个人轻松多了，更重要的是有了总工会这个合法平台，劳动监察大队、司法局等部门也更加配合。”向永兴高兴地说，“通过联合维权，现在一起讨薪案结案只需要五六天，使得我们农民工讨薪在法律轨道走得比较顺畅。”

维权站成立以来，向永兴已经接到了4起申诉，并全部成功讨回薪金。2011年12月15日接到42名在咸宁做工的重庆务工人员的申诉后，向永兴依靠总工会平台，短短七天就帮他们讨回了全部44.5万元的拖欠工资。向永兴说，“这是我维权这些年来，涉及金额最多也最成功的一次。”

向永兴说，总工会对他的帮助不仅在维权事务上，还包括个人生活。由于受理维权案件，向永兴只能接些零散活，加上他坚持不收取佣金，“不然维权就变了味”。2011年下半年他只挣到了1万元，而他用于维权的个人支出就花了数千元。青山区总工会了解到他的困难后，给向永兴送来了

2000 元补贴，还有 800 元年底红包，让他可以安心回家过年。

一句话点评

有了工会组织，我们农民工维权就有了靠山！

3. 工会的服务真贴心

镜头六：工会帮我们解决生活难题

家住重庆“民心佳园”公租房小区的农民工刘伟，至今心里仍觉得美滋滋的。2011 年夏，正愁无房可住的他，无意中看到重庆南岸区总工会组织申请公租房的宣传咨询，他的生活从此发生了翻天覆地的改变。

刘伟和妻子彭华分别来自重庆的石柱县和忠县，10 年前开始进城打工，两人租住在南岸区弹子石的一间农舍，一遇到刮风下雨，屋里光线就特别昏暗。刘伟说：“那时候，都不好意思请父母进城来坐坐，太简陋了。”他先后搬过 4 次家，每次都只住了半年左右，要么碰到房东要涨价，要么是遭遇拆迁。“我感觉自己就像一只流浪的鸟，挫败感随时会涌上心头。”看到南岸区总工会组织申请公租房的宣传后，他立即详细询问，在工会干部耐心细致的讲解后，他填了一张申请表，没想到居然第一次就摇号配租到一套两室一厅的房子。而今，一家其乐融融，告别了迁徙奔波的苦日子。

> **一句话点评**
>
> “农民工有困难找工会”不是口号是行动。

镜头七：县级工会跨省联动维权——患重症遭辞退农民工获8.8万元赔偿

前不久，在广东惠州一家贸易公司打工的衡山青年杨志斌因患严重肝病被公司辞退，公司给其支付了一个月工资的补偿后，不愿依法承担更多的责任。危难关头，衡山县总工会与县人社局联手帮助杨志斌，跨省维权，为他成功讨回8万多元的赔偿款。

杨志斌是衡山县开云镇九龙村人。10年前，在与父亲发生一次激烈的争吵后，他赌气离家来到广东惠州打工。然而，2013年10月的一天，离家后从未与家人联系过的杨志斌突然回来了。

看到杨志斌回来，家人高高兴兴地团聚在一起，但杨志斌黑瘦的面容、憔悴的神情以及寡言少语的表现让家人感到隐隐不安。在哥哥杨新兵的追问下，杨志斌道出了实情。

原来，离家出走后，杨志斌来到广东惠州，在老乡的介绍下，在一家贸易公司打工，任仓库保管员。前不久，杨志斌因身体不适，到医院检查后被确诊为肝癌。公司得知这一情况后，要杨志斌填写“回家看病”的辞工单，并给他一个月的工资补偿。

杨志斌说，在广东打工期间，因自己的第一代身份证丢失，也没有补办二代身份证，公司就没有与他签订劳动合同，也没有给他缴纳医疗保险。这些年，单身一人的杨志斌也没有什么积蓄，面对高昂的医药费，无奈的他只好回到家里。

在杨志斌回到衡山后，公司也没有再过问。杨新兵犯了难，父亲身患肺癌晚期，弟弟也患上肝癌，因为公司没有给他缴纳医保，家里也拿不出钱来给弟弟治病。没有办法，杨新兵只好带着杨志斌来到惠州，想替弟弟讨回公道。但被公司以各种理由拒绝。

身处异乡，维权无门，看着弟弟因肝癌疼痛难忍，杨新兵的心里非常难受。绝望中，在亲友的提醒下，他抱着最后一线希望向家乡的工会组织求助。

接到杨新兵的求助电话后，衡山县总工会领导当即表示：一定要为我们农民工维权到底，讨回公道。

如何才能最有效地维权？几经讨论，县总工会决定派出熟悉情况的县总工会副主席，联合县人社局工作人员，带领主要家属赴惠州取证并与对方协商，如协商不成再走法律途径。

因为是异地维权，在赴惠州前，县总工会还特意熟悉了广东省有关劳动保障的法律条例，并与在广东人社部部门工作的衡山籍干部联系，寻求帮助。有多次跨区域维权工作经验的县总工会副主席出发前充满信心：“衡山县农民工异地维权我们有些经验，前几年发生在郴州宜章的农民工讨薪事件，我们与宜章县总联手为衡山农民工讨回了公道。这一次如果协商不成，我们与惠州市总工会取得联系，也肯定会得到积极回应。”

到惠城区后，在惠城区人社局的协调下，县总工会带着家属代表与企业方代表坐在了一起，共同协商此事。

当时，企业方的态度十分强硬，协商并不顺利。企业方当时说出了一个情况：杨志斌曾经在公司连续工作过7年时间，后来离开了公司，但因为他没有身份证，在外面找工作多次碰壁后，又找到公司老板请求再次来公司上班，老板是出于好心收留了他，由于杨志斌没有身份证，公司才没有和他签订劳动合同，也无法替他办理医保。

企业方认为，造成这一结果的原因是杨志斌不能提供身份证，责任在其本人，况且其患病后，企业给予了他一个月的工资补偿，不需要承担其他的责任。企业方表示可以申请劳动仲裁走法律程序。

在场的人都知道，如果走法律途径，从仲裁、起诉到法院判决将是一个长期过程，农民工耗不起这个时间。对受害家庭来说当前最重要的就是迅速取得赔偿，让一家老小得于安抚。在协商没有进展的情况下，县总工会为拿起法律武器维权做准备。

在向当地劳动部门咨询后，县总工会了解到，广东对于用人单位劳动保障违法行为处罚相当严厉，用人单位承接投资、参加政府采购、银行贷款都会参考企业是否存在劳动保障违法记录。在随后的协商中，县总工会一行摆出了法律依据：《劳动合同法》规定，用人单位自用工之日起即与劳动者建立劳动关系，也即只要有实际用工，即存在劳动关系。公司虽然没有与杨志斌签订劳动合同，但双方存在着事实上的劳动合同关系，杨志斌理应享受劳动医疗保险等待遇。

县总工会提出，按照劳动保障法律的有关规定，企业应该给予杨志斌从2012年11月到2013年9月的双倍工资补偿、带薪年休假补偿以及一部分医疗补偿金。并提醒说：“如果不依法处理，即使走法律程序，按照广东对用人单位劳动保障违法行为的处罚规定，对企业并没有好处！”

理清了法律关系，抓住了要害。在事实面前，企业方最终同意支付杨志斌所有补偿金8.8万元，并当场支付现金。

（资料来源：《湖南工人报》2013年11月29日）

一句话点评

跨省联动维权，组织起来，工会的力量很强大！

镜头八：为外出农民工“送法律”

签订劳动合同之前应当做好哪些准备？当车站有人说帮你介绍工作，到底接不接受？2014年2月14—19日，重庆市各级工会深入火车站、长途汽车站和码头等场所开展“送法律”活动，并发放10万余本《外出务工小手册》。

截至2013年年末，重庆市转移农村劳动力非农就业773万人，其中市外务工355万人，占总量的45.9%。针对外出农民工常碰到的劳动合同签订和工伤事故赔偿等问题，重庆市总工会收集编制了《务工准备》、《劳动合同》、《工伤维权》等5本《外出民工小手册》。春节前，各级工会已在村社、场镇进行了100余场次法律宣讲，送出十万余本手册。

“有了这些贴心小提示，我们更知道注意哪些东西，在外面打起工来心里更踏实。”昨日上午，在重庆北火车站广场，合川籍农民工黄伟捧着一本《劳动合同》手册，专心研究合同签订期限问题。市总工会邀请的律师在现场开展免费法律咨询服务，受到了农民工的欢迎。

（资料来源：《重庆日报》2014年2月16日）

一句话点评

学好劳动法，就业维权不用愁。

镜头九：工会真是农民工朋友温馨的“家”

“太精彩了，感谢工会给我们带来欢乐。”湖北远大一公司一名农民工在看完电影后说。这是在百场电影进工地活动时农民工看电影后的感慨。

打造提升农民工素质平台、百场电影进工地、送农民工返乡……近5年来，北京市外地在京施工企业工会联合会为来京农民工服务。“如今，北京市外地在京施工企业工会联合会有在册农民工50万人。我们工会就是为他们服务的，帮助他们快速融入北京。”市外地在京施工企业工会联合会主席张小虎说。

马虎、高小宏、张士家、邓蓉……他们是一群外地来京的农民工。全国道德模范、全国五一劳动奖章、党的十八大代表、工会十六大代表……在农民工身份的背后有着灿烂的称号。

马虎作为一名外地来京农民工，20 年来，他不仅赢得了工友们的尊敬和建筑圈内的认可，还先后获得北京市劳动模范、十佳文明北京新市民、全国五一劳动奖章等荣誉。去年 9 月，马虎当选为全国道德模范。

张士家在 2012 年北京 7.21 特大自然灾害抢建房山区洪寺村灾民安置房的施工中，连续八昼夜在无水、无电、道路不通的情况下，带领施工人员涉水查看现场，组织 700 多名员工连续作战，出色完成 100 多套安置房的施工。

邓蓉是一名女施工队队长，她带领的团队在近十年时间里，所承接的大大小小的项目超过了 100 多个。其中，她参与施工的北京市首都机场 3 号航站楼 T3C 合同段结构工程及郑州电力大楼项目工程获得了建筑行业最高奖项“鲁班奖”，不服输的劲头儿让许多男人都竖起大拇指。

这些年来，外施工会着力于打造提升农民工素质平台，推出了一大批劳模先进人物，他们代表了外地来京优秀的农民工。”此外，外施工会还对200名已获得资格证书的来京施工企业劳动争议调解员进行了继续教育培训。

2013年，外施工会组织1437家来京施工企业，42430名职工报名参加了北京市“安康杯”竞赛活动。

为丰富农民工的文化生活，工会还组织了百场电影送进工地活动。这一活动由市外施工会联合会等单位承办，是外施工会长年坚持为建筑业农民工送文化的具体项目，遍布城区和近郊区县近千个工地巡回放映，累计数十万建筑业农民工看到了丰富多彩的电影故事。该活动已成为北京市文化建设中的一项精彩而独特的项目，活动的开展，推动全社会形成关心农民工的良好氛围。

外施工会每年结合职工教育要求，给百场电影进工地活动赋予主题，围绕主题挑选电影放映内容，还利用农民工看电影人员集中的机会，在电影放映前开展一些有奖知识问答活动，吸引农民工踊跃参与学习。

2013年1月10日，在中建八局（北京）公司总承包的中关村融科项目工地举办“2013年农民工平安返乡欢送仪式”，欢送湖北籍的数百名农民工回湖北省十堰市欢度春节。外施工会精心为农民工准备了装有北京特产、文化等精美用品的“大礼包”，感谢他们对北京建设给予的奉献，让他们把北京人民的深情厚谊带回家乡，带给亲人。

（资料来源：《劳动午报》2014年4月21日）

一句话点评

我的“娘家人”就是工会。

镜头十：贵州工会特色培训助农民工圆“技能梦”

“在工会报名参加了技能培训，等我精通一门手艺后赚钱就更有底气了！”2014 年 2 月 10 日，贵州省铜仁籍农民工王军赶到设在火车站前的“工会就业培训咨询岗”，在“技能培训意向表”里填上了自己的名字和学习意向。

王军在沿海一带打工多年，干过六七个行业，但今年返乡后，他在同乡身上感受到了差距。“别人精通一门技术，一个月能拿 7000 多元，可我一个月只能拿 3000 多元。”春节期间，他看到铜仁市总工会与碧江区总工会在火车站前开设了“工会就业培训咨询岗”，于是动了学门技术的念头。

据了解，王军的“技能梦”能够顺利实现，正是贵州工会积极探索特色农民工培训模式，引导他们由“体能型”就业向“技能型”就业转变的缩影。近年来，贵州各地工业园区内多家企业相继投产，建筑、制造业等劳动密集型企业频繁遭遇技能人才短缺瓶颈，但一些农民工所掌握的技术技能却与企业要求不相符，导致用工荒和就业难问题并存。对此，贵州工会将技能培训作为农民工素质提升的重中之重，丰富完善培训载体，创新培训模式机制，大力提高农民工职业技能素质。

早在 2010 年，贵州省总就出台了《贵州省职工素质工程五年规划》，正式把农民工纳入“职工素质建设工程”。规划明确要求各级工会在 5 年内要为 20 万名以上城镇下岗失业人员和农民工提供转岗就业培训、自主创业培训和职业技能培训。为此，该省各级工会积极配合开展农村劳动力转移就业技能培训、阳光工程等；充分利用工会培训和就业服务资源，结合农民工不同特点、意愿和市场需求，开展了以就业技能、自主创业、基础素质等为主要内容的各类技能提升活动；为农民工组织定向式、订单式培训，实现了培训、就业一条龙服务。一些基层工会更采取灵活方式，把培训班开到企业、工地、车间，受到了农民工的欢迎。据统计，2013年，贵州各级工会共计培训农民工、就业困难人员12万余人次。

（资料来源：《工人日报》2014年2月18日）

一句话点评

技能培训哪家强？工会培训帮你忙。

附　录

中华人民共和国工会法

（1992 年 4 月 3 日第七届全国人民代表大会第五次会议通过　根据 2001 年 10 月 27 日第九届全国人民代表大会常务委员会第二十四次会议《关于修改〈中华人民共和国工会法〉的决定》修正）

第一章　总　则

第一条　为保障工会在国家政治、经济和社会生活中的地位，确定工会的权利与义务，发挥工会在社会主义现代化建设事业中的作用，根据宪法，制定本法。

第二条　工会是职工自愿结合的工人阶级的群众组织。

中华全国总工会及其各工会组织代表职工的利益，依法维护职工的合法权益。

第三条　在中国境内的企业、事业单位、机关中以工资收入为主要生活来源的体力劳动者和脑力劳动者，不分民族、种族、性别、职业、宗教信仰、教育程度，都有依法参加和组织工会的权利。任何组织和个人不得阻挠和限制。

第四条　工会必须遵守和维护宪法，以宪法为根本的活动准则，以经济建设为中心，坚持社会主义道路、坚持人民民主专政、坚持中国共产党的领导、坚持马克思列宁主义毛泽东思想邓小平理论，坚持改革开放，依照工会章程独立自主地开展工作。

工会会员全国代表大会制定或者修改《中国工会章程》，章程不得与宪法和法律相抵触。

国家保护工会的合法权益不受侵犯。

第五条 工会组织和教育职工依照宪法和法律的规定行使民主权利，发挥国家主人翁的作用，通过各种途径和形式，参与管理国家事务、管理经济和文化事业、管理社会事务；协助人民政府开展工作，维护工人阶级领导的、以工农联盟为基础的人民民主专政的社会主义国家政权。

第六条 维护职工合法权益是工会的基本职责。工会在维护全国人民总体利益的同时，代表和维护职工的合法权益。

工会通过平等协商和集体合同制度，协调劳动关系，维护企业职工劳动权益。

工会依照法律规定通过职工代表大会或者其他形式，组织职工参与本单位的民主决策、民主管理和民主监督。

工会必须密切联系职工，听取和反映职工的意见和要求，关心职工的生活，帮助职工解决困难，全心全意为职工服务。

第七条 工会动员和组织职工积极参加经济建设，努力完成生产任务和工作任务。教育职工不断提高思想道德、技术业务和科学文化素质，建设有理想、有道德、有文化、有纪律的职工队伍。

第八条 中华全国总工会根据独立、平等、相互尊重、互不干涉内部事务的原则，加强同各国工会组织的友好合作关系。

第二章 工会组织

第九条 工会各级组织按照民主集中制原则建立。

各级工会委员会由会员大会或者会员代表大会民主选举产生。企业主要负责人的近亲属不得作为本企业基层工会委员会成员的人选。

各级工会委员会向同级会员大会或者会员代表大会负责并报告工作，接受其监督。

工会会员大会或者会员代表大会有权撤换或者罢免其所选举的代表或者工会委员会组成人员。

上级工会组织领导下级工会组织。

第十条 企业、事业单位、机关有会员二十五人以上的，应当建立基层工会委员会；不足二十五人的，可以单独建立基层工会委员会，也可以由两个以上单位的会员联合建立基层工会委员会，也可以选举组织员一人，组织会员开展活动。女职工人数较多的，可以建立工会女职工委员会，在同级工会领导下开展工作；女职工人数较少的，可以在工会委员会中设女职工委员。

企业职工较多的乡镇、城市街道，可以建立基层工会的联合会。

县级以上地方建立地方各级总工会。

同一行业或者性质相近的几个行业，可以根据需要建立全国的或者地方的产业工会。

全国建立统一的中华全国总工会。

第十一条 基层工会、地方各级总工会、全国或者地方产业工会组织的建立，必须报上一级工会批准。

上级工会可以派员帮助和指导企业职工组建工会，任何单位和个人不得阻挠。

第十二条 任何组织和个人不得随意撤销、合并工会组织。

基层工会所在的企业终止或者所在的事业单位、机关被撤销，该工会组织相应撤销，并报告上一级工会。

依前款规定被撤销的工会，其会员的会籍可以继续保留，具体管理办法由中华全国总工会制定。

第十三条 职工二百人以上的企业、事业单位的工会，可以设专职工会主席。工会专职工作人员的人数由工会与企业、事业单位协商确定。

第十四条 中华全国总工会、地方总工会、产业工会具有社会团体法人资格。

基层工会组织具备民法通则规定的法人条件的，依法取得社会团体法人资格。

第十五条 基层工会委员会每届任期三年或者五年。各级地方总工会委员会和产业工会委员会每届任期五年。

第十六条 基层工会委员会定期召开会员大会或者会员代表大会，讨论决定工会工作的重大问题。经基层工会委员会或者三分之一以上的工会会员提议，可以临时召开会员大会或者会员代表大会。

第十七条 工会主席、副主席任期未满时，不得随意调动其工作。因工作需要调动时，应当征得本级工会委员会和上一级工会的同意。

罢免工会主席、副主席必须召开会员大会或者会员代表大会讨论，非经会员大会全体会员或者会员代表大会全体代表过半数通过，不得罢免。

第十八条　基层工会专职主席、副主席或者委员自任职之日起，其劳动全同期限自动延长，延长期限相当于其任职期间；非专职主席、副主席或者委员自任职之日起，其尚未履行的劳动合同期限短于任期的，劳动合同期限自动延长至任期期满。但是，任职期间个人严重过失或者达到法定退休年龄的除外。

第三章　工会的权利和义务

第十九条　企业、事业单位违反职工代表大会制度和其他民主管理制度，工会有权要求纠正，保障职工依法行使民主管理的权利。

法律、法规规定应当提交职工大会或者职工代表大会审议、通过、决定的事项，企业、事业单位应当依法办理。

第二十条　工会帮助、指导职工与企业以及实行企业化管理的事业单位签订劳动合同。

工会代表职工与企业以及实行企业化管理的事业单位进行平等协商，签订集体合同。集体合同草案应当提交职工代表大会或者全体职工讨论通过。

工会签订集体合同，上级工会应当给予支持和帮助。

企业违反集体合同，侵犯职工劳动权益的，工会可以依法要求企业承担责任；因履行集体合同发生争议，经协商解决不成的，工会可以向劳动争论仲裁机构提请仲裁，仲裁机构不予受理或者对仲裁裁决不服的，可以向人民法院提起诉讼。

第二十一条 企业、事业单位处分职工，工会认为不适当的，有权提出意见。

企业单方面解除职工劳动合同时，应当事先将理由通知工会，工会认为企业违反法律、法规和有关合同，要求重新研究处理时，企业应当研究工会的意见，并将处理结果书面通知工会。

职工认为企业侵犯其劳动权益而申请劳动争议仲裁或者向人民法院提起诉讼的，工会应当给予支持和帮助。

第二十二条 企业、事业单位违反劳动法律、法规规定，有下列侵犯职工劳动权益情形，工会应当代表职工与企业、事业单位交涉，要求企业、事业单位采取措施予以改正；企业、事业单位应当予以研究处理，并向工会作出答复；企业、事业单位拒不改正的，工会可以请求当地人民政府依法作出处理：

（一）克扣职工工资的；

（二）不提供劳动安全卫生条件的；

（三）随意延长劳动时间的；

（四）侵犯女职工和未成年工特殊权益的；

（五）其他严重侵犯职工劳动权益的。

第二十三条 工会依照国家规定对新建、扩建企业和技术改造工程中的劳动条件和安全卫生设施与主体工程同时设计、同时施工、同时投产使用进行监督。对工会提出的意见，企业或者主管部门应当认真处理，并将处理结果书面通知工会。

第二十四条 工会发现企业违章指挥、强令工人冒险作业，或者生产过程中发现明显重大事故隐患和职业危害，有权提出解决的建议，企业应当及时研究答复；发现危及职工生命安全的情况时，工会有权向企业建议组织职工撤离危险现场，企业必须及时作出处理决定。

第二十五条 工会有权对企业、事业单位侵犯职工合法权益的问题进行调查，有关单位应当予以协助。

第二十六条 职工因工伤亡事故和其他严重危害职工健康问题的调查处理，必须有工会参加。工会应当向有关部门提出处理意见，并有权要求追究直接负责的主管人员和有关责任人员的责任。对工会提出的意见，应当及时研究，给予答复。

第二十七条 企业、事业单位发生停工、怠工事件，工会应当代表职工同企业、事业单位或者有关方面协商，反映职工的意见和要求并提出解决意见。对于职工的合理要求，企业、事业单位应当予以解决。工会协助企业、事业单位做好工作，尽快恢复生产、工作秩序。

第二十八条 工会参加企业的劳动争议调解工作。

地方劳动争议仲裁组织应当有同级工会代表参加。

第二十九条 县级以上各级总工会可以为所属工会和职工提供法律服务。

第三十条 工会协助企业、事业单位、机关办好职工集体福利事业，做好工资、劳动安全卫生和社会保险工作。

第三十一条 工会会同企业、事业单位教育职工以国家主人翁态度对待劳动，爱护国家和企业的财产，组织职工开展群众性的合理化建议、技术革新活动，进行业余文化技术学习和职工培训，组织职工开展文娱、体育活动。

第三十二条 根据政府委托，工会与有关部门共同做好劳动模范和先进生产（工作）者的评选、表彰、培养和管理工作。

第三十三条 国家机关在组织起草或者修改直接涉及职工切身利益的法律、法规、规章时，应当听取工会意见。

县级以上各级人民政府制定国民经济和社会发展计划，对涉及职工利益的重大问题，应当听取同级工会的意见。

县级以上各级人民政府及其有关部门研究制定劳动就业、工资、劳动安全卫生、社会保险等涉及职工切身利益的政策、措施时，应当吸收同级工会参加研究，听取工会意见。

第三十四条 县级以上地方各级人民政府可以召开会议或者采取适当方式，向同级工会通报政府的重要的工作部署和与工会工作有关的行政措施，研究解决工会反映的职工群众的意见和要求。

各级人民政府劳动行政部门应当会同同级工会和企业方面代表，建立劳动关系三方协商机制，共同研究解决劳动关系方面的重大问题。

第四章 基层工会组织

第三十五条 国有企业职工代表大会是企业实行民主管理的基本形式，是职工行使民主管理权力的机构，依照法律规定行使职权。

国有企业的工会委员会是职工代表大会的工作机构，负责职工代表大会的日常工作，检查、督促职工代表大会决议

的执行。

第三十六条 集体企业的工会委员会，应当支持和组织职工参加民主管理和民主监督，维护职工选举和罢免管理人员、决定经营管理的重大问题的权力。

第三十七条 本法第三十五条、第三十六条规定以外的其他企业、事业单位的工会委员会，依照法律规定组织职工采取与企业、事业单位相适应的形式，参与企业、事业单位民主管理。

第三十八条 企业、事业单位研究经营管理和发展的重大问题应当听取工会的意见；召开讨论有关工资、福利、劳动安全卫生、社会保险等涉及职工切身利益的会议，必须有工会代表参加。

企业、事业单位应当支持工会依法开展工作，工会应当支持企业、事业单位依法行使经营管理权。

第三十九条 公司的董事会、监事会中职工代表的产生，依照公司法有关规定执行。

第四十条 基层工会委员会召开会议或者组织职工活动，应当在生产或者工作时间以外进行，需要占用生产或者工作时间的，应当事先征得企业、事业单位的同意。

基层工会的非专职委员占用生产或者工作时间参加会议或者从事工会工作，每月不超过三个工作日，其工资照发，其他待遇不受影响。

第四十一条 企业、事业单位、机关工会委员会的专职工作人员的工资、奖励、补贴，由所在单位支付。社会保险和其他福利待遇等，享受本单位职工同等待遇。

第五章　工会的经费和财产

第四十二条　工会经费的来源：

（一）工会会员缴纳的会费；

（二）建立工会组织的企业、事业单位、机关按每月全部职工工资总额的百分之二向工会拨缴的经费；

（三）工会所属的企业、事业单位上缴的收入；

（四）人民政府的补助；

（五）其他收入。

前款第二项规定的企业、事业单位拨缴的经费在税前列支。

工会经费主要用于为职工服务和工会活动。经费使用的具体办法由中华全国总工会制定。

第四十三条　企业、事业单位无正当理由拖延或者拒不拨缴工会经费，基层工会或者上级工会可以向当地人民法院申请支付令；拒不执行支付令的，工会可以依法申请人民法院强制执行。

第四十四条　工会应当根据经费独立原则，建立预算、决算和经费审查监督制度。

各级工会建立经费审查委员会。

各级工会经费收支情况应当由同级工会经费审查委员会审查，并且定期向会员大会或者会员代表大会报告，接受监督。工会会员大会或者会员代表大会有权对经费使用情况提出意见。

工会经费的使用应当依法接受国家的监督。

第四十五条　各级人民政府和企业、事业单位、机关应当为工会办公和开展活动，提供必要的设施和活动场所等物质条件。

第四十六条　工会的财产、经费和国家拨给工会使用的不动产，任何组织和个人不得侵占、挪用和任意调拨。

第四十七条　工会所属的为职工服务的企业、事业单位，其隶属关系不得随意改变。

第四十八条　县级以上各级工会的离休、退休人员的待遇，与国家机关工作人员同等对待。

第六章　法律责任

第四十九条　工会对违反本法规定侵犯其合法权益的，有权提请人民政府或者有关部门予以处理，或者向人民法院提起诉讼。

第五十条　违反本法第三条、第十一条规定，阻挠职工依法参加和组织工会或者阻挠上级工会帮助、指导职工筹建工会的，由劳动行政部门责令其改正；拒不改正的，由劳动行政部门提请县级以上人民政府处理；以暴力、威胁等手段阻挠造成严重后果，构成犯罪的，依法追究刑事责任。

第五十一条　违反本法规定，对依法履行职责的工会工作人员无正当理由调动工作岗位，进行打击报复的，由劳动行政部门责令改正、恢复原工作；造成损失的，给予赔偿。

对依法履行职责的工会工作人员进行侮辱、诽谤或者进行人身伤害，构成犯罪的，依法追究刑事责任；尚未构成犯罪的，由公安机关依照治安管理处罚条例的规定处罚。

第五十二条　违反本法规定，有下列情形之一的，由劳动行政部门责令恢复其工作，并补发被解除劳动合同期间应得的报酬，或者责令给予本人年收入二倍的赔偿：

（一）职工因参加工会活动而被解除劳动合同的；

（二）工会工作人员因履行本法规定的职责而被解除劳动合同的。

第五十三条 违反本法规定，有下列情形之一的，由县级以上人民政府责令改正，依法处理：

（一）妨碍工会组织职工通过职工代表大会和其他形式依法行使民主权利的；

（二）非法撤销、合并工会组织的；

（三）妨碍工会参加职工因工伤亡事故以及其他侵犯职工合法权益问题的调查处理的；

（四）无正当理由拒绝进行平等协商的。

第五十四条 违反本法第四十六条规定，侵占工会经费和财产拒不返还的，工会可以向人民法院提起诉讼，要求返还，并赔偿损失。

第五十五条 工会工作人员违反本法规定，损害职工或者工会权益的，由同级工会或者上级工会责令改正，或者予以处分；情节严重的，依照《中国工会章程》予以罢免；造成损失的，应当承担赔偿责任；构成犯罪的，依法追究刑事责任。

第七章 附 则

第五十六条 中华全国总工会会同有关国家机关制定机关工会实施本法的具体办法。

第五十七条 本法自公布之日起施行。1950 年 6 月 29 日中央人民政府颁布的《中华人民共和国工会法》同时废止。

中华人民共和国劳动合同法

（2007 年 6 月 29 日第十届全国人民代表大会常务委员会第二十八次会议通过　2007 年 6 月 29 日中华人民共和国主席令第 65 号公布　2012 年 12 月 28 日根据《全国人民代表大会常务委员会关于修改〈中华人民共和国劳动合同法〉的决定》修正）

第一章　总　则

第一条　为了完善劳动合同制度，明确劳动合同双方当事人的权利和义务，保护劳动者的合法权益，构建和发展和谐稳定的劳动关系，制定本法。

第二条　中华人民共和国境内的企业、个体经济组织、民办非企业单位等组织（以下称用人单位）与劳动者建立劳动关系，订立、履行、变更、解除或者终止劳动合同，适用本法。

国家机关、事业单位、社会团体和与其建立劳动关系的劳动者，订立、履行、变更、解除或者终止劳动合同，依照本法执行。

第三条　订立劳动合同，应当遵循合法、公平、平等自愿、协商一致、诚实信用的原则。

依法订立的劳动合同具有约束力，用人单位与劳动者应当履行劳动合同约定的义务。

第四条 用人单位应当依法建立和完善劳动规章制度，保障劳动者享有劳动权利、履行劳动义务。

用人单位在制定、修改或者决定有关劳动报酬、工作时间、休息休假、劳动安全卫生、保险福利、职工培训、劳动纪律以及劳动定额管理等直接涉及劳动者切身利益的规章制度或者重大事项时，应当经职工代表大会或者全体职工讨论，提出方案和意见，与工会或者职工代表平等协商确定。

在规章制度和重大事项决定实施过程中，工会或者职工认为不适当的，有权向用人单位提出，通过协商予以修改完善。

用人单位应当将直接涉及劳动者切身利益的规章制度和重大事项决定公示，或者告知劳动者。

第五条 县级以上人民政府劳动行政部门会同工会和企业方面代表，建立健全协调劳动关系三方机制，共同研究解决有关劳动关系的重大问题。

第六条 工会应当帮助、指导劳动者与用人单位依法订立和履行劳动合同，并与用人单位建立集体协商机制，维护劳动者的合法权益。

第二章 劳动合同的订立

第七条 用人单位自用工之日起即与劳动者建立劳动关系。用人单位应当建立职工名册备查。

第八条 用人单位招用劳动者时，应当如实告知劳动者工作内容、工作条件、工作地点、职业危害、安全生产状况、劳动报酬，以及劳动者要求了解的其他情况；用人单位有权了解劳动者与劳动合同直接相关的基本情况，劳动者应当如实说明。

第九条　用人单位招用劳动者，不得扣押劳动者的居民身份证和其他证件，不得要求劳动者提供担保或者以其他名义向劳动者收取财物。

第十条　建立劳动关系，应当订立书面劳动合同。

已建立劳动关系，未同时订立书面劳动合同的，应当自用工之日起一个月内订立书面劳动合同。

用人单位与劳动者在用工前订立劳动合同的，劳动关系自用工之日起建立。

第十一条　用人单位未在用工的同时订立书面劳动合同，与劳动者约定的劳动报酬不明确的，新招用的劳动者的劳动报酬按照集体合同规定的标准执行；没有集体合同或者集体合同未规定的，实行同工同酬。

第十二条　劳动合同分为固定期限劳动合同、无固定期限劳动合同和以完成一定工作任务为期限的劳动合同。

第十三条　固定期限劳动合同，是指用人单位与劳动者约定合同终止时间的劳动合同。

用人单位与劳动者协商一致，可以订立固定期限劳动合同。

第十四条　无固定期限劳动合同，是指用人单位与劳动者约定无确定终止时间的劳动合同。

用人单位与劳动者协商一致，可以订立无固定期限劳动合同。有下列情形之一，劳动者提出或者同意续订、订立劳动合同的，除劳动者提出订立固定期限劳动合同外，应当订立无固定期限劳动合同：

（一）劳动者在该用人单位连续工作满十年的；

（二）用人单位初次实行劳动合同制度或者国有企业改制

重新订立劳动合同时，劳动者在该用人单位连续工作满十年且距法定退休年龄不足十年的；

（三）连续订立二次固定期限劳动合同，且劳动者没有本法第三十九条和第四十条第一项、第二项规定的情形，续订劳动合同的。

用人单位自用工之日起满一年不与劳动者订立书面劳动合同的，视为用人单位与劳动者已订立无固定期限劳动合同。

第十五条 以完成一定工作任务为期限的劳动合同，是指用人单位与劳动者约定以某项工作的完成为合同期限的劳动合同。

用人单位与劳动者协商一致，可以订立以完成一定工作任务为期限的劳动合同。

第十六条 劳动合同由用人单位与劳动者协商一致，并经用人单位与劳动者在劳动合同文本上签字或者盖章生效。

劳动合同文本由用人单位和劳动者各执一份。

第十七条 劳动合同应当具备以下条款：

（一）用人单位的名称、住所和法定代表人或者主要负责人；

（二）劳动者的姓名、住址和居民身份证或者其他有效身份证件号码；

（三）劳动合同期限；

（四）工作内容和工作地点；

（五）工作时间和休息休假；

（六）劳动报酬；

（七）社会保险；

（八）劳动保护、劳动条件和职业危害防护；

（九）法律、法规规定应当纳入劳动合同的其他事项。

劳动合同除前款规定的必备条款外，用人单位与劳动者可以约定试用期、培训、保守秘密、补充保险和福利待遇等其他事项。

第十八条 劳动合同对劳动报酬和劳动条件等标准约定不明确，引发争议的，用人单位与劳动者可以重新协商；协商不成的，适用集体合同规定；没有集体合同或者集体合同未规定劳动报酬的，实行同工同酬；没有集体合同或者集体合同未规定劳动条件等标准的，适用国家有关规定。

第十九条 劳动合同期限三个月以上不满一年的，试用期不得超过一个月；劳动合同期限一年以上不满三年的，试用期不得超过二个月；三年以上固定期限和无固定期限的劳动合同，试用期不得超过六个月。

同一用人单位与同一劳动者只能约定一次试用期。

以完成一定工作任务为期限的劳动合同或者劳动合同期限不满三个月的，不得约定试用期。

试用期包含在劳动合同期限内。劳动合同仅约定试用期的，试用期不成立，该期限为劳动合同期限。

第二十条 劳动者在试用期的工资不得低于本单位相同岗位最低档工资或者劳动合同约定工资的百分之八十，并不得低于用人单位所在地的最低工资标准。

第二十一条 在试用期中，除劳动者有本法第三十九条和第四十条第一项、第二项规定的情形外，用人单位不得解除劳动合同。用人单位在试用期解除劳动合同的，应当向劳动者说明理由。

第二十二条 用人单位为劳动者提供专项培训费用，对其进行专业技术培训的，可以与该劳动者订立协议，约定服务期。

劳动者违反服务期约定的，应当按照约定向用人单位支付违约金。违约金的数额不得超过用人单位提供的培训费用。用人单位要求劳动者支付的违约金不得超过服务期尚未履行部分所应分摊的培训费用。

用人单位与劳动者约定服务期的，不影响按照正常的工资调整机制提高劳动者在服务期期间的劳动报酬。

第二十三条 用人单位与劳动者可以在劳动合同中约定保守用人单位的商业秘密和与知识产权相关的保密事项。

对负有保密义务的劳动者，用人单位可以在劳动合同或者保密协议中与劳动者约定竞业限制条款，并约定在解除或者终止劳动合同后，在竞业限制期限内按月给予劳动者经济补偿。劳动者违反竞业限制约定的，应当按照约定向用人单位支付违约金。

第二十四条 竞业限制的人员限于用人单位的高级管理人员、高级技术人员和其他负有保密义务的人员。竞业限制的范围、地域、期限由用人单位与劳动者约定，竞业限制的约定不得违反法律、法规的规定。

在解除或者终止劳动合同后，前款规定的人员到与本单位生产或者经营同类产品、从事同类业务的有竞争关系的其他用人单位，或者自己开业生产或者经营同类产品、从事同类业务的竞业限制期限，不得超过二年。

第二十五条 除本法第二十二条和第二十三条规定的情形外，用人单位不得与劳动者约定由劳动者承担违约金。

第二十六条 下列劳动合同无效或者部分无效：

（一）以欺诈、胁迫的手段或者乘人之危，使对方在违背真实意思的情况下订立或者变更劳动合同的；

（二）用人单位免除自己的法定责任、排除劳动者权利的；

（三）违反法律、行政法规强制性规定的。

对劳动合同的无效或者部分无效有争议的，由劳动争议仲裁机构或者人民法院确认。

第二十七条　劳动合同部分无效，不影响其他部分效力的，其他部分仍然有效。

第二十八条　劳动合同被确认无效，劳动者已付出劳动的，用人单位应当向劳动者支付劳动报酬。劳动报酬的数额，参照本单位相同或者相近岗位劳动者的劳动报酬确定。

第三章　劳动合同的履行和变更

第二十九条　用人单位与劳动者应当按照劳动合同的约定，全面履行各自的义务。

第三十条　用人单位应当按照劳动合同约定和国家规定，向劳动者及时足额支付劳动报酬。

用人单位拖欠或者未足额支付劳动报酬的，劳动者可以依法向当地人民法院申请支付令，人民法院应当依法发出支付令。

第三十一条　用人单位应当严格执行劳动定额标准，不得强迫或者变相强迫劳动者加班。用人单位安排加班的，应当按照国家有关规定向劳动者支付加班费。

第三十二条　劳动者拒绝用人单位管理人员违章指挥、强令冒险作业的，不视为违反劳动合同。

劳动者对危害生命安全和身体健康的劳动条件，有权对用人单位提出批评、检举和控告。

第三十三条 用人单位变更名称、法定代表人、主要负责人或者投资人等事项，不影响劳动合同的履行。

第三十四条 用人单位发生合并或者分立等情况，原劳动合同继续有效，劳动合同由承继其权利和义务的用人单位继续履行。

第三十五条 用人单位与劳动者协商一致，可以变更劳动合同约定的内容。变更劳动合同，应当采用书面形式。

变更后的劳动合同文本由用人单位和劳动者各执一份。

第四章 劳动合同的解除和终止

第三十六条 用人单位与劳动者协商一致，可以解除劳动合同。

第三十七条 劳动者提前三十日以书面形式通知用人单位，可以解除劳动合同。劳动者在试用期内提前三日通知用人单位，可以解除劳动合同。

第三十八条 用人单位有下列情形之一的，劳动者可以解除劳动合同：

（一）未按照劳动合同约定提供劳动保护或者劳动条件的；

（二）未及时足额支付劳动报酬的；

（三）未依法为劳动者缴纳社会保险费的；

（四）用人单位的规章制度违反法律、法规的规定，损害劳动者权益的；

（五）因本法第二十六条第一款规定的情形致使劳动合同

无效的；

（六）法律、行政法规规定劳动者可以解除劳动合同的其他情形。

用人单位以暴力、威胁或者非法限制人身自由的手段强迫劳动者劳动的，或者用人单位违章指挥、强令冒险作业危及劳动者人身安全的，劳动者可以立即解除劳动合同，不需事先告知用人单位。

第三十九条　劳动者有下列情形之一的，用人单位可以解除劳动合同：

（一）在试用期间被证明不符合录用条件的；

（二）严重违反用人单位的规章制度的；

（三）严重失职，营私舞弊，给用人单位造成重大损害的；

（四）劳动者同时与其他用人单位建立劳动关系，对完成本单位的工作任务造成严重影响，或者经用人单位提出，拒不改正的；

（五）因本法第二十六条第一款第一项规定的情形致使劳动合同无效的；

（六）被依法追究刑事责任的。

第四十条　有下列情形之一的，用人单位提前三十日以书面形式通知劳动者本人或者额外支付劳动者一个月工资后，可以解除劳动合同：

（一）劳动者患病或者非因工负伤，在规定的医疗期满后不能从事原工作，也不能从事由用人单位另行安排的工作的；

（二）劳动者不能胜任工作，经过培训或者调整工作岗位，仍不能胜任工作的；

（三）劳动合同订立时所依据的客观情况发生重大变化，致使劳动合同无法履行，经用人单位与劳动者协商，未能就变更劳动合同内容达成协议的。

第四十一条 有下列情形之一，需要裁减人员二十人以上或者裁减不足二十人但占企业职工总数百分之十以上的，用人单位提前三十日向工会或者全体职工说明情况，听取工会或者职工的意见后，裁减人员方案经向劳动行政部门报告，可以裁减人员：

（一）依照企业破产法规定进行重整的；

（二）生产经营发生严重困难的；

（三）企业转产、重大技术革新或者经营方式调整，经变更劳动合同后，仍需裁减人员的；

（四）其他因劳动合同订立时所依据的客观经济情况发生重大变化，致使劳动合同无法履行的。

裁减人员时，应当优先留用下列人员：

（一）与本单位订立较长期限的固定期限劳动合同的；

（二）与本单位订立无固定期限劳动合同的；

（三）家庭无其他就业人员，有需要抚养的老人或者未成年人的。

用人单位依照本条第一款规定裁减人员，在六个月内重新招用人员的，应当通知被裁减的人员，并在同等条件下优先招用被裁减的人员。

第四十二条 劳动者有下列情形之一的，用人单位不得依照本法第四十条、第四十一条的规定解除劳动合同：

（一）从事接触职业病危害作业的劳动者未进行离岗前职业健康检查，或者疑似职业病病人在诊断或者医学观察期间的；

（二）在本单位患职业病或者因工负伤并被确认丧失或者部分丧失劳动能力的；

（三）患病或者非因工负伤，在规定的医疗期内的；

（四）女职工在孕期、产期、哺乳期的；

（五）在本单位连续工作满十五年，且距法定退休年龄不足五年的；

（六）法律、行政法规规定的其他情形。

第四十三条　用人单位单方解除劳动合同，应当事先将理由通知工会。用人单位违反法律、行政法规规定或者劳动合同约定的，工会有权要求用人单位纠正。用人单位应当研究工会的意见，并将处理结果书面通知工会。

第四十四条　有下列情形之一的，劳动合同终止：

（一）劳动合同期满的；

（二）劳动者开始依法享受基本养老保险待遇的；

（三）劳动者死亡，或者被人民法院宣告死亡或者宣告失踪的；

（四）用人单位被依法宣告破产的；

（五）用人单位被吊销营业执照、责令关闭、撤销或者用人单位决定提前解散的；

（六）法律、行政法规规定的其他情形。

第四十五条　劳动合同期满，有本法第四十二条规定情形之一的，劳动合同应当续延至相应的情形消失时终止。但是，本法第四十二条第二项规定丧失或者部分丧失劳动能力劳动者的劳动合同的终止，按照国家有关工伤保险的规定执行。

第四十六条　有下列情形之一的，用人单位应当向劳动者支付经济补偿：

（一）劳动者依照本法第三十八条规定解除劳动合同的；

（二）用人单位依照本法第三十六条规定向劳动者提出解除劳动合同并与劳动者协商一致解除劳动合同的；

（三）用人单位依照本法第四十条规定解除劳动合同的；

（四）用人单位依照本法第四十一条第一款规定解除劳动合同的；

（五）除用人单位维持或者提高劳动合同约定条件续订劳动合同，劳动者不同意续订的情形外，依照本法第四十四条第一项规定终止固定期限劳动合同的；

（六）依照本法第四十四条第四项、第五项规定终止劳动合同的；

（七）法律、行政法规规定的其他情形。

第四十七条　经济补偿按劳动者在本单位工作的年限，每满一年支付一个月工资的标准向劳动者支付。六个月以上不满一年的，按一年计算；不满六个月的，向劳动者支付半个月工资的经济补偿。

劳动者月工资高于用人单位所在直辖市、设区的市级人民政府公布的本地区上年度职工月平均工资三倍的，向其支付经济补偿的标准按职工月平均工资三倍的数额支付，向其支付经济补偿的年限最高不超过十二年。

本条所称月工资是指劳动者在劳动合同解除或者终止前十二个月的平均工资。

第四十八条　用人单位违反本法规定解除或者终止劳动合同，劳动者要求继续履行劳动合同的，用人单位应当继续履行；劳动者不要求继续履行劳动合同或者劳动合同已经不能继续履行的，用人单位应当依照本法第八十七条规定支付赔偿金。

第四十九条 国家采取措施，建立健全劳动者社会保险关系跨地区转移接续制度。

第五十条 用人单位应当在解除或者终止劳动合同时出具解除或者终止劳动合同的证明，并在十五日内为劳动者办理档案和社会保险关系转移手续。

劳动者应当按照双方约定，办理工作交接。用人单位依照本法有关规定应当向劳动者支付经济补偿的，在办结工作交接时支付。

用人单位对已经解除或者终止的劳动合同的文本，至少保存二年备查。

第五章 特别规定

第一节 集体合同

第五十一条 企业职工一方与用人单位通过平等协商，可以就劳动报酬、工作时间、休息休假、劳动安全卫生、保险福利等事项订立集体合同。集体合同草案应当提交职工代表大会或者全体职工讨论通过。

集体合同由工会代表企业职工一方与用人单位订立；尚未建立工会的用人单位，由上级工会指导劳动者推举的代表与用人单位订立。

第五十二条 企业职工一方与用人单位可以订立劳动安全卫生、女职工权益保护、工资调整机制等专项集体合同。

第五十三条 在县级以下区域内，建筑业、采矿业、餐饮服务业等行业可以由工会与企业方面代表订立行业性集体合同，或者订立区域性集体合同。

第五十四条 集体合同订立后，应当报送劳动行政部门；劳动行政部门自收到集体合同文本之日起十五日内未提出异议的，集体合同即行生效。

依法订立的集体合同对用人单位和劳动者具有约束力。行业性、区域性集体合同对当地本行业、本区域的用人单位和劳动者具有约束力。

第五十五条 集体合同中劳动报酬和劳动条件等标准不得低于当地人民政府规定的最低标准；用人单位与劳动者订立的劳动合同中劳动报酬和劳动条件等标准不得低于集体合同规定的标准。

第五十六条 用人单位违反集体合同，侵犯职工劳动权益的，工会可以依法要求用人单位承担责任；因履行集体合同发生争议，经协商解决不成的，工会可以依法申请仲裁、提起诉讼。

第二节 劳务派遣

第五十七条 经营劳务派遣业务应当具备下列条件：

（一）注册资本不得少于人民币二百万元；

（二）有与开展业务相适应的固定的经营场所和设施；

（三）有符合法律、行政法规规定的劳务派遣管理制度；

（四）法律、行政法规规定的其他条件。

经营劳务派遣业务，应当向劳动行政部门依法申请行政许可；经许可的，依法办理相应的公司登记。未经许可，任何单位和个人不得经营劳务派遣业务。

第五十八条 劳务派遣单位是本法所称用人单位，应当履行用人单位对劳动者的义务。劳务派遣单位与被派遣劳动者订立的劳动合同，除应当载明本法第十七条规定的事项外，还应当载明被派遣劳动者的用工单位以及派遣期限、工作岗位等情况。

劳务派遣单位应当与被派遣劳动者订立二年以上的固定期限劳动合同，按月支付劳动报酬；被派遣劳动者在无工作期间，劳务派遣单位应当按照所在地人民政府规定的最低工资标准，向其按月支付报酬。

第五十九条　劳务派遣单位派遣劳动者应当与接受以劳务派遣形式用工的单位（以下称用工单位）订立劳务派遣协议。劳务派遣协议应当约定派遣岗位和人员数量、派遣期限、劳动报酬和社会保险费的数额与支付方式以及违反协议的责任。

用工单位应当根据工作岗位的实际需要与劳务派遣单位确定派遣期限，不得将连续用工期限分割订立数个短期劳务派遣协议。

第六十条　劳务派遣单位应当将劳务派遣协议的内容告知被派遣劳动者。

劳务派遣单位不得克扣用工单位按照劳务派遣协议支付给被派遣劳动者的劳动报酬。

劳务派遣单位和用工单位不得向被派遣劳动者收取费用。

第六十一条　劳务派遣单位跨地区派遣劳动者的，被派遣劳动者享有的劳动报酬和劳动条件，按照用工单位所在地的标准执行。

第六十二条　用工单位应当履行下列义务：

（一）执行国家劳动标准，提供相应的劳动条件和劳动保护；

（二）告知被派遣劳动者的工作要求和劳动报酬；

（三）支付加班费、绩效奖金，提供与工作岗位相关的福利待遇；

（四）对在岗被派遣劳动者进行工作岗位所必需的培训；

（五）连续用工的，实行正常的工资调整机制。

用工单位不得将被派遣劳动者再派遣到其他用人单位。

第六十三条 被派遣劳动者享有与用工单位的劳动者同工同酬的权利。用工单位应当按照同工同酬原则，对被派遣劳动者与本单位同类岗位的劳动者实行相同的劳动报酬分配办法。用工单位无同类岗位劳动者的，参照用工单位所在地相同或者相近岗位劳动者的劳动报酬确定。

劳务派遣单位与被派遣劳动者订立的劳动合同和与用工单位订立的劳务派遣协议，载明或者约定的向被派遣劳动者支付的劳动报酬应当符合前款规定。

第六十四条 被派遣劳动者有权在劳务派遣单位或者用工单位依法参加或者组织工会，维护自身的合法权益。

第六十五条 被派遣劳动者可以依照本法第三十六条、第三十八条的规定与劳务派遣单位解除劳动合同。

被派遣劳动者有本法第三十九条和第四十条第一项、第二项规定情形的，用工单位可以将劳动者退回劳务派遣单位，劳务派遣单位依照本法有关规定，可以与劳动者解除劳动合同。

第六十六条 劳动合同用工是我国的企业基本用工形式。劳务派遣用工是补充形式，只能在临时性、辅助性或者替代性的工作岗位上实施。

前款规定的临时性工作岗位是指存续时间不超过六个月的岗位；辅助性工作岗位是指为主营业务岗位提供服务的非主营

业务岗位；替代性工作岗位是指用工单位的劳动者因脱产学习、休假等原因无法工作的一定期间内，可以由其他劳动者替代工作的岗位。

用工单位应当严格控制劳务派遣用工数量，不得超过其用工总量的一定比例，具体比例由国务院劳动行政部门规定。

第六十七条 用人单位不得设立劳务派遣单位向本单位或者所属单位派遣劳动者。

第三节 非全日制用工

第六十八条 非全日制用工，是指以小时计酬为主，劳动者在同一用人单位一般平均每日工作时间不超过四小时，每周工作时间累计不超过二十四小时的用工形式。

第六十九条 非全日制用工双方当事人可以订立口头协议。

从事非全日制用工的劳动者可以与一个或者一个以上用人单位订立劳动合同；但是，后订立的劳动合同不得影响先订立的劳动合同的履行。

第七十条 非全日制用工双方当事人不得约定试用期。

第七十一条 非全日制用工双方当事人任何一方都可以随时通知对方终止用工。终止用工，用人单位不向劳动者支付经济补偿。

第七十二条 非全日制用工小时计酬标准不得低于用人单位所在地人民政府规定的最低小时工资标准。

非全日制用工劳动报酬结算支付周期最长不得超过十五日。

第六章 监督检查

第七十三条 国务院劳动行政部门负责全国劳动合同制度

实施的监督管理。

县级以上地方人民政府劳动行政部门负责本行政区域内劳动合同制度实施的监督管理。

县级以上各级人民政府劳动行政部门在劳动合同制度实施的监督管理工作中，应当听取工会、企业方面代表以及有关行业主管部门的意见。

第七十四条 县级以上地方人民政府劳动行政部门依法对下列实施劳动合同制度的情况进行监督检查：

（一）用人单位制定直接涉及劳动者切身利益的规章制度及其执行的情况；

（二）用人单位与劳动者订立和解除劳动合同的情况；

（三）劳务派遣单位和用工单位遵守劳务派遣有关规定的情况；

（四）用人单位遵守国家关于劳动者工作时间和休息休假规定的情况；

（五）用人单位支付劳动合同约定的劳动报酬和执行最低工资标准的情况；

（六）用人单位参加各项社会保险和缴纳社会保险费的情况；

（七）法律、法规规定的其他劳动监察事项。

第七十五条 县级以上地方人民政府劳动行政部门实施监督检查时，有权查阅与劳动合同、集体合同有关的材料，有权对劳动场所进行实地检查，用人单位和劳动者都应当如实提供有关情况和材料。

劳动行政部门的工作人员进行监督检查，应当出示证件，依法行使职权，文明执法。

第七十六条 县级以上人民政府建设、卫生、安全生产监督管理等有关主管部门在各自职责范围内，对用人单位执行劳动合同制度的情况进行监督管理。

第七十七条 劳动者合法权益受到侵害的，有权要求有关部门依法处理，或者依法申请仲裁、提起诉讼。

第七十八条 工会依法维护劳动者的合法权益，对用人单位履行劳动合同、集体合同的情况进行监督。用人单位违反劳动法律、法规和劳动合同、集体合同的，工会有权提出意见或者要求纠正；劳动者申请仲裁、提起诉讼的，工会依法给予支持和帮助。

第七十九条 任何组织或者个人对违反本法的行为都有权举报，县级以上人民政府劳动行政部门应当及时核实、处理，并对举报有功人员给予奖励。

第七章 法律责任

第八十条 用人单位直接涉及劳动者切身利益的规章制度违反法律、法规规定的，由劳动行政部门责令改正，给予警告；给劳动者造成损害的，应当承担赔偿责任。

第八十一条 用人单位提供的劳动合同文本未载明本法规定的劳动合同必备条款或者用人单位未将劳动合同文本交付劳动者的，由劳动行政部门责令改正；给劳动者造成损害的，应当承担赔偿责任。

第八十二条 用人单位自用工之日起超过一个月不满一年未与劳动者订立书面劳动合同的，应当向劳动者每月支付二倍的工资。

用人单位违反本法规定不与劳动者订立无固定期限劳动合

同的，自应当订立无固定期限劳动合同之日起向劳动者每月支付二倍的工资。

第八十三条 用人单位违反本法规定与劳动者约定试用期的，由劳动行政部门责令改正；违法约定的试用期已经履行的，由用人单位以劳动者试用期满月工资为标准，按已经履行的超过法定试用期的期间向劳动者支付赔偿金。

第八十四条 用人单位违反本法规定，扣押劳动者居民身份证等证件的，由劳动行政部门责令限期退还劳动者本人，并依照有关法律规定给予处罚。

用人单位违反本法规定，以担保或者其他名义向劳动者收取财物的，由劳动行政部门责令限期退还劳动者本人，并以每人五百元以上二千元以下的标准处以罚款；给劳动者造成损害的，应当承担赔偿责任。

劳动者依法解除或者终止劳动合同，用人单位扣押劳动者档案或者其他物品的，依照前款规定处罚。

第八十五条 用人单位有下列情形之一的，由劳动行政部门责令限期支付劳动报酬、加班费或者经济补偿；劳动报酬低于当地最低工资标准的，应当支付其差额部分；逾期不支付的，责令用人单位按应付金额百分之五十以上百分之一百以下的标准向劳动者加付赔偿金：

（一）未按照劳动合同的约定或者国家规定及时足额支付劳动者劳动报酬的；

（二）低于当地最低工资标准支付劳动者工资的；

（三）安排加班不支付加班费的；

（四）解除或者终止劳动合同，未依照本法规定向劳动者支付经济补偿的。

第八十六条 劳动合同依照本法第二十六条规定被确认无效，给对方造成损害的，有过错的一方应当承担赔偿责任。

第八十七条 用人单位违反本法规定解除或者终止劳动合同的，应当依照本法第四十七条规定的经济补偿标准的二倍向劳动者支付赔偿金。

第八十八条 用人单位有下列情形之一的，依法给予行政处罚；构成犯罪的，依法追究刑事责任；给劳动者造成损害的，应当承担赔偿责任：

（一）以暴力、威胁或者非法限制人身自由的手段强迫劳动的；

（二）违章指挥或者强令冒险作业危及劳动者人身安全的；

（三）侮辱、体罚、殴打、非法搜查或者拘禁劳动者的；

（四）劳动条件恶劣、环境污染严重，给劳动者身心健康造成严重损害的。

第八十九条 用人单位违反本法规定未向劳动者出具解除或者终止劳动合同的书面证明，由劳动行政部门责令改正；给劳动者造成损害的，应当承担赔偿责任。

第九十条 劳动者违反本法规定解除劳动合同，或者违反劳动合同中约定的保密义务或者竞业限制，给用人单位造成损失的，应当承担赔偿责任。

第九十一条 用人单位招用与其他用人单位尚未解除或者终止劳动合同的劳动者，给其他用人单位造成损失的，应当承担连带赔偿责任。

第九十二条 违反本法规定，未经许可，擅自经营劳务派遣业务的，由劳动行政部门责令停止违法行为，没收违法所得，并处违法所得一倍以上五倍以下的罚款；没有违法所得的，可以处五万元以下的罚款。

劳务派遣单位、用工单位违反本法有关劳务派遣规定的，由劳动行政部门责令限期改正；逾期不改正的，以每人五千元以上一万元以下的标准处以罚款，对劳务派遣单位，吊销其劳务派遣业务经营许可证。用工单位给被派遣劳动者造成损害的，劳务派遣单位与用工单位承担连带赔偿责任。

第九十三条 对不具备合法经营资格的用人单位的违法犯罪行为，依法追究法律责任；劳动者已经付出劳动的，该单位或者其出资人应当依照本法有关规定向劳动者支付劳动报酬、经济补偿、赔偿金；给劳动者造成损害的，应当承担赔偿责任。

第九十四条 个人承包经营违反本法规定招用劳动者，给劳动者造成损害的，发包的组织与个人承包经营者承担连带赔偿责任。

第九十五条 劳动行政部门和其他有关主管部门及其工作人员玩忽职守、不履行法定职责，或者违法行使职权，给劳动者或者用人单位造成损害的，应当承担赔偿责任；对直接负责的主管人员和其他直接责任人员，依法给予行政处分；构成犯罪的，依法追究刑事责任。

第八章　附　则

第九十六条 事业单位与实行聘用制的工作人员订立、履行、变更、解除或者终止劳动合同，法律、行政法规或者国务院另有规定的，依照其规定；未作规定的，依照本法有关规定执行。

第九十七条 本法施行前已依法订立且在本法施行之日存续的劳动合同，继续履行；本法第十四条第二款第三项规定连续订立固定期限劳动合同的次数，自本法施行后续订固定期限劳动合同时开始计算。

本法施行前已建立劳动关系，尚未订立书面劳动合同的，应当自本法施行之日起一个月内订立。

本法施行之日存续的劳动合同在本法施行后解除或者终止，依照本法第四十六条规定应当支付经济补偿的，经济补偿年限自本法施行之日起计算；本法施行前按照当时有关规定，用人单位应当向劳动者支付经济补偿的，按照当时有关规定执行。

第九十八条 本法自 2008 年 1 月 1 日起施行。

中国工会章程

（2013 年 10 月 22 日 中国工会第十六次全国代表大会通过）

总 则

中国工会是中国共产党领导的职工自愿结合的工人阶级群众组织，是党联系职工群众的桥梁和纽带，是国家政权的重要社会支柱，是会员和职工利益的代表。

中国工会以宪法为根本活动准则，按照《中华人民共和国工会法》和本章程独立自主地开展工作，依法行使权利和履行义务。

工人阶级是我国的领导阶级，是先进生产力和生产关系的代表，是改革开放和社会主义现代化建设的主力军，是维护社会安定的强大而集中的社会力量。中国工会高举中国特色社会主义伟大旗帜，以马克思列宁主义、毛泽东思想、邓小平理论、“三个代表”重要思想、科学发展观为指导，贯彻执行党的以经济建设为中心，坚持四项基本原则，坚持改革开放的基本路线，坚定不移地走中国特色社会主义工会发展道路，推动党的全心全意依靠工人阶级的根本指导方针的贯彻落实，全面履行工会的社会职能，在维护全国人民总体利益的同时，更好地表达和维护职工的具体利益，团结和动员全国职工自力更生、艰苦创业，坚持和发展中国特色社会主义，为全面建成小康社会、把我国建设成为富强民主文明和谐的社会主义现代化国家、实现中华民族伟大复兴的中国梦而奋斗。

中国工会的基本职责是维护职工合法权益。

中国工会动员和组织职工积极参加建设和改革，努力促进经济、政治、文化、社会和生态文明建设；代表和组织职工参与国家和社会事务管理，参与企业、事业单位和机关的民主管理；教育职工不断提高思想道德素质和科学文化素质，建设有理想、有道德、有文化、有纪律的职工队伍，不断发展工人阶级先进性。

中国工会坚持组织起来、切实维权的工作方针，坚持以职工为本，主动依法科学维权的维权观，促进完善社会主义劳动法律，维护职工的经济、政治、文化和社会权利，参与协调劳动关系和社会利益关系，努力构建和谐劳动关系，促进经济发展和社会的长期稳定，为构建社会主义和谐社会作贡献。

中国工会维护工人阶级领导的、以工农联盟为基础的人民民主专政的社会主义国家政权，协助人民政府开展工作，依法发挥民主参与和社会监督作用。

中国工会在企业、事业单位中，按照促进企事业发展、维护职工权益的原则，支持行政依法行使管理权力，组织职工参加民主管理和民主监督，与行政方面建立协商制度，保障职工的合法权益，调动职工的积极性，促进企业、事业的发展。

中国工会实行产业和地方相结合的组织领导原则，坚持民主集中制。

中国工会坚持以改革创新精神加强自身建设，坚持群众化、民主化，保持同会员群众的密切联系，依靠会员群众开展工会工作。各级工会领导机关坚持把工作重点放到基层，全心全意为基层、为职工服务，增强基层工会的活力，把工会建设成为深受职工群众信赖的学习型、服务型、创新型“职工之家”。

工会兴办的企业、事业，坚持为改革开放和发展社会生产力服务，为职工群众服务，为推进工运事业服务。

中国工会努力巩固和发展工农联盟，坚持爱国统一战线，加强包括香港特别行政区同胞、澳门特别行政区同胞、台湾同胞和海外侨胞在内的全国各族人民的大团结，促进祖国的统一、繁荣和富强。

中国工会在国际事务中坚持独立自主、互相尊重、求同存异、加强合作、增进友谊的方针，在独立、平等、互相尊重、互不干涉内部事务的原则基础上，广泛建立和发展同国际和各国工会组织的友好关系，推动形成公正合理、民主和谐的国际工运新秩序，同全世界工人和工会一起，为世界的和平、发展、工人权益和社会进步而共同努力。

第一章　会　员

第一条　凡在中国境内的企业、事业单位、机关和其他社会组织中，以工资收入为主要生活来源或者与用人单位建立劳动关系的体力劳动者和脑力劳动者，不分民族、种族、性别、职业、宗教信仰、教育程度，承认工会章程，都可以加入工会为会员。

第二条　职工加入工会，由本人自愿申请，经工会基层委员会批准并发给会员证。

第三条　会员享有以下权利：

（一）选举权、被选举权和表决权。

（二）对工会工作进行监督，提出意见和建议，要求撤换或者罢免不称职的工会工作人员。

（三）对国家和社会生活问题及本单位工作提出批评与建议，要求工会组织向有关方面如实反映。

（四）在合法权益受到侵犯时，要求工会给予保护。

（五）工会提供的文化、教育、体育、旅游、疗休养事业、生活救助、法律服务、就业服务等优惠待遇；工会给予的各种奖励。

（六）在工会会议和工会媒体上，参加关于工会工作和职工关心问题的讨论。

第四条　会员履行下列义务：

（一）学习政治、经济、文化、法律、科学、技术和工会基本知识。

（二）积极参加民主管理，努力完成生产和工作任务。

（三）遵守宪法和法律，践行社会主义核心价值观，维护社会公德和职业道德，遵守劳动纪律。

（四）正确处理国家、集体、个人三者利益关系，向危害国家、社会利益的行为作斗争。

（五）维护中国工人阶级和工会组织的团结统一，发扬阶级友爱，搞好互助互济。

（六）遵守工会章程，执行工会决议，参加工会活动，按月交纳会费。

第五条　会员组织关系随劳动（工作）关系变动，凭会员证明接转。

第六条　会员有退会自由。会员退会由本人向工会小组提出，由工会基层委员会宣布其退会并收回会员证。

会员没有正当理由连续六个月不交纳会费、不参加工会组织生活，经教育拒不改正，应当视为自动退会。

第七条　对不执行工会决议、违反工会章程的会员，给予批评教育。对严重违法犯罪并受到刑事处分的会员，开除会籍。开除会员会籍，须经工会小组讨论，提出意见，由工会基层委员会决定，报上一级工会备案。

第八条　会员离休、退休和失业，可保留会籍。保留会籍期间免交会费。

工会组织要关心离休、退休和失业会员的生活，积极向有关方面反映他们的愿望和要求。

第二章　组织制度

第九条　中国工会实行民主集中制，主要内容是：

（一）个人服从组织，少数服从多数，下级组织服从上级组织。

（二）工会的各级领导机关，除它们派出的代表机关外，都由民主选举产生。

（三）工会的最高领导机关，是工会的全国代表大会和它所产生的中华全国总工会执行委员会。工会的地方各级领导机关，是工会的地方各级代表大会和它所产生的总工会委员会。

（四）工会各级委员会，向同级会员大会或者会员代表大会负责并报告工作，接受会员监督。会员大会和会员代表大会有权撤换或者罢免其所选举的代表和工会委员会组成人员。

（五）工会各级委员会，实行集体领导和分工负责相结合的制度。凡属重大问题由委员会民主讨论，作出决定，委员会成员根据集体的决定和分工，履行自己的职责。

（六）工会各级领导机关，经常向下级组织通报情况，听取下级组织和会员的意见，研究和解决他们提出的问题。下级组织向上级组织请示报告工作。

第十条 工会各级代表大会的代表和委员会的产生，要充分体现选举人的意志。候选人名单，要反复酝酿，充分讨论。选举采用无记名投票方式，可以直接采用候选人数多于应选人数的差额选举办法进行正式选举，也可以先采用差额选举办法进行预选，产生候选人名单，然后进行正式选举。任何组织和个人，不得以任何方式强迫选举人选举或不选举某个人。

第十一条 中国工会实行产业和地方相结合的组织领导原则。同一企业、事业单位、机关和其他社会组织中的会员，组织在一个工会基层组织中；同一行业或者性质相近的几个行业，根据需要建立全国的或者地方的产业工会组织。除少数行政管理体制实行垂直管理的产业，其产业工会实行产业工会和地方工会双重领导，以产业工会领导为主外，其他产业工会均实行以地方工会领导为主，同时接受上级产业工会领导的体制。各产业工会的领导体制，由中华全国总工会确定。

省、自治区、直辖市，设区的市和自治州，县（旗）、自治县、不设区的市建立地方总工会。地方总工会是当地地方工会组织和产业工会地方组织的领导机关。全国建立统一的中华全国总工会。中华全国总工会是各级地方总工会和各产业工会全国组织的领导机关。

中华全国总工会执行委员会委员和产业工会全国委员会委员实行替补制，各级地方总工会委员会委员和地方产业工会委员会委员，也可以实行替补制。

第十二条　县和县以上各级地方总工会委员会，根据工作需要可以派出代表机关。

县和县以上各级工会委员会，在两次代表大会之间，认为有必要时，可以召集代表会议，讨论和决定需要及时解决的重大问题。代表会议代表的名额和产生办法，由召集代表会议的总工会决定。

全国产业工会、各级地方产业工会、乡镇工会和城市街道工会的委员会，可以按照联合制、代表制原则，由下一级工会组织民主选举的主要负责人和适当比例的有关方面代表组成。

上级工会可以派员帮助和指导用人单位的职工组建工会。

第十三条　各级工会代表大会选举产生同级经费审查委员会。中华全国总工会经费审查委员会设常务委员会，省、自治区、直辖市总工会经费审查委员会和独立管理经费的全国产业工会经费审查委员会，应当设常务委员会。经费审查委员会负责审查同级工会组织及其直属企业、事业单位的经费收支和资产管理情况，监督财经法纪的贯彻执行和工会经费的使用，并接受上级工会经费审查委员会的指导。工会经费审查委员会向同级会员大会或会员代表大会负责并报告工作；在大会闭会期间，向同级工会委员会负责并报告工作。

上级经费审查委员会应当对下一级工会及其直属企业、事业单位的经费收支和资产管理情况进行审查。

中华全国总工会经费审查委员会委员实行替补制，各级地方总工会经费审查委员会委员和独立管理经费的产业工会经费审查委员会委员，也可以实行替补制。

第十四条 各级工会建立女职工委员会，表达和维护女职工的合法权益。女职工委员会由同级工会委员会提名，在充分协商的基础上组成或者选举产生，女职工委员会与工会委员会同时建立，在同级工会委员会领导下开展工作。企业工会女职工委员会是县或者县以上妇联的团体会员，通过县以上地方工会接受妇联的业务指导。

第十五条 县和县以上各级工会组织应当建立法律服务机构，为保护职工和工会组织的合法权益提供服务。

各级工会组织应当组织和代表职工开展劳动法律监督。

第十六条 成立或者撤销工会组织，必须经会员大会或者会员代表大会通过，并报上一级工会批准。工会基层组织所在的企业终止，或者所在的事业单位、机关和其他社会组织被撤销，该工会组织相应撤销，并报上级工会备案。其他组织和个人不得随意撤销工会组织，也不得把工会组织的机构撤销、合并或者归属其他工作部门。

第三章　全国组织

第十七条　中国工会全国代表大会，每五年举行一次，由中华全国总工会执行委员会召集。在特殊情况下，由中华全国总工会执行委员会主席团提议，经执行委员会全体会议通过，可以提前或者延期举行。代表名额和代表选举办法由中华全国总工会决定。

第十八条　中国工会全国代表大会的职权是：

（一）审议和批准中华全国总工会执行委员会的工作报告。

（二）审议和批准中华全国总工会执行委员会的经费收支情况报告和经费审查委员会的工作报告。

（三）修改中国工会章程。

（四）选举中华全国总工会执行委员会和经费审查委员会。

第十九条　中华全国总工会执行委员会，在全国代表大会闭会期间，负责贯彻执行全国代表大会的决议，领导全国工会工作。

执行委员会全体会议选举主席一人、副主席若干人、主席团委员若干人，组成主席团。

执行委员会全体会议由主席团召集，每年至少举行一次。

第二十条　中华全国总工会执行委员会全体会议闭会期间，由主席团行使执行委员会的职权。主席团全体会议，由主席召集。

主席团闭会期间，由主席、副主席组成的主席会议行使主席团职权。主席会议由中华全国总工会主席召集并主持。

主席团下设书记处，由主席团在主席团成员中推选第一书记一人，书记若干人组成。书记处在主席团领导下，主持中华全国总工会的日常工作。

第二十一条 产业工会全国组织的设置，由中华全国总工会根据需要确定。

产业工会全国委员会的建立，经中华全国总工会批准，可以按照联合制、代表制原则组成，也可以由产业工会全国代表大会选举产生。全国委员会每届任期五年。任期届满，应当如期召开会议，进行换届选举。在特殊情况下，经中华全国总工会批准，可以提前或者延期举行。

产业工会全国代表大会和按照联合制、代表制原则组成的产业工会全国委员会全体会议的职权是：审议和批准产业工会全国委员会的工作报告；选举产业工会全国委员会或者产业工会全国委员会常务委员会。独立管理经费的产业工会，选举经费审查委员会，并向产业工会全国代表大会或者委员会全体会议报告工作。产业工会全国委员会常务委员会由主席一人、副主席若干人、常务委员若干人组成。

第四章　地方组织

第二十二条 省、自治区、直辖市，设区的市和自治州，县（旗）、自治县、不设区的市的工会代表大会，由同级总工会委员会召集，每五年举行一次。在特殊情况下，由同级总工会委员会提议，经上一级工会批准，可以提前或者延期举行。工会的地方各级代表大会的职权是：

（一）审议和批准同级总工会委员会的工作报告。

（二）审议和批准同级总工会委员会的经费收支情况报告

和经费审查委员会的工作报告。

（三）选举同级总工会委员会和经费审查委员会。

各级地方总工会委员会，在代表大会闭会期间，执行上级工会的决定和同级工会代表大会的决议，领导本地区的工会工作，定期向上级总工会委员会报告工作。

根据工作需要，省、自治区总工会可在地区设派出代表机关。直辖市和设区的市总工会可在区建立区一级工会组织或者设派出代表机关。

县和城市的区可在乡镇和街道建立乡镇工会和街道工会组织，具备条件的，建立总工会。

第二十三条 各级地方总工会委员会选举主席一人、副主席若干人、常务委员若干人，组成常务委员会。工会委员会、常务委员会和主席、副主席以及经费审查委员会的选举结果，报上一级总工会批准。

各级地方总工会委员会全体会议，每年至少举行一次，由常务委员会召集。各级地方总工会常务委员会，在委员会全体会议闭会期间，行使委员会的职权。

第二十四条 各级地方产业工会组织的设置，由同级地方总工会根据本地区的实际情况确定。

第五章 基层组织

第二十五条 企业、事业单位、机关和其他社会组织等基层单位，应当依法建立工会组织。社区和行政村可以建立工会组织。有会员二十五人以上的，应当成立工会基层委员会；不足二十五人的，可以单独建立工会基层委员会，也可以由两个以上单位的会员联合建立工会基层委员会，也可以选举组织员或者工会主席一人，主持基层工会工作。工会基层委员会有女会员十人以上的建立女职工委员会，不足十人的设女职工委员。

职工二百人以上企业、事业单位的工会设专职工会主席。工会专职工作人员的人数由工会与企业、事业单位协商确定。

基层工会具备法人条件，依法取得社团法人资格，工会主席为法定代表人。

第二十六条 工会基层组织的会员大会或者会员代表大会，每年至少召开一次。经基层工会委员会或者三分之一以上的工会会员提议，可以临时召开会员大会或者会员代表大会。工会会员在一百人以下的基层工会应当召开会员大会。

工会会员大会或者会员代表大会的职权是：

（一）审议和批准工会基层委员会的工作报告。

（二）审议和批准工会基层委员会的经费收支情况报告和经费审查委员会的工作报告。

（三）选举工会基层委员会和经费审查委员会。

（四）撤换或者罢免其所选举的代表或者工会委员会组成人员。

（五）讨论决定工会工作的重大问题。

工会基层委员会和经费审查委员会每届任期三年至五年，具体任期由会员大会或者会员代表大会决定。任期届满，应当如期召开会议，进行换届选举。在特殊情况下，经上一级工会批准，可以提前或者延期举行。

会员代表大会的代表实行常任制，任期与本单位工会委员会相同。

第二十七条 工会基层委员会的委员，应当在会员或者会员代表充分酝酿协商的基础上选举产生；主席、副主席，可以由会员大会或者会员代表大会直接选举产生，也可以由工会基层委员会选举产生。大型企业、事业单位的工会委员会，根据工作需要，经上级工会委员会批准，可以设立常务委员会。工会基层委员会、常务委员会和主席、副主席以及经费审查委员会的选举结果，报上一级工会批准。

第二十八条 工会基层委员会的基本任务是：

（一）执行会员大会或者会员代表大会的决议和上级工会的决定，主持基层工会的日常工作。

（二）代表和组织职工依照法律规定，通过职工代表大会、厂务公开和其他形式，参加本单位民主管理和民主监督。企业、事业单位工会委员会是职工代表大会工作机构，负责职工代表大会的日常工作，检查、督促职工代表大会决议的执行。

（三）参与协调劳动关系和调解劳动争议，与企业、事业单位行政方面建立协商制度，协商解决涉及职工切身利益问题。帮助和指导职工与企业、事业单位行政方面签订和履行劳动合同，代表职工与企业、事业单位行政方面签订集体合同或者其他专项协议，并监督执行。

（四）组织职工开展劳动竞赛、合理化建议、技术革新和技术协作等活动，总结推广先进经验。做好先进生产（工作）者和劳动模范的评选、表彰、培养和管理服务工作。

（五）对职工进行思想政治教育，鼓励支持职工学习文化科学技术和管理知识，开展健康的文化体育活动。推进企业文化职工文化建设，办好工会文化、教育、体育事业。

（六）监督有关法律、法规的贯彻执行。协助和督促行政方面做好工资、劳动安全卫生和社会保险等方面的工作，办好职工集体福利事业，改善职工生活，对困难职工开展帮扶。依法参与劳动安全卫生事故的调查处理。

（七）维护女职工的特殊利益，同歧视、虐待、摧残、迫害女职工的现象作斗争。

（八）搞好工会组织建设，健全民主制度和民主生活。建立和发展工会积极分子队伍。做好会员的发展、接收、教育和会籍管理工作。加强职工之家建设。

（九）收好、管好、用好工会经费，管理好工会资产和工会的企业、事业。

第二十九条　教育、科研、文化、卫生、体育等事业单位和机关工会，从脑力劳动者比较集中的特点出发开展工作，积极了解和关心职工的思想、工作和生活，推动党的知识分子政策的贯彻落实。组织职工搞好本单位的民主管理和民主监督，为发挥职工的聪明才智，创造良好的条件。

第三十条　工会基层委员会根据工作需要，可以在分厂、车间（科室）建立分厂、车间（科室）工会委员会。分厂、车间（科室）工会委员会由分厂、车间（科室）会员大会或者会员代表大会选举产生，任期和工会基层委员会相同。

工会基层委员会和分厂、车间（科室）委员会，可以根据需要设若干专门委员会或者专门小组。

按照生产（行政）班组建立工会小组，民主选举工会小组长，积极开展工会小组活动。

第六章　工会干部

第三十一条　各级工会组织按照革命化、年轻化、知识化、专业化的要求，努力建设一支坚持党的基本路线，熟悉本职业务，热爱工会工作，受到职工信赖的干部队伍。

第三十二条　工会干部要努力做到：

（一）认真学习马克思列宁主义、毛泽东思想、邓小平理论、“三个代表”重要思想和科学发展观，学习经济、法律和工会业务知识。

（二）执行党的基本路线和各项方针政策，遵守国家法律、法规，在改革开放和社会主义现代化建设中勇于开拓创新。

（三）忠于职守，勤奋工作，廉洁奉公，顾全大局，维护团结。

（四）坚持实事求是，认真调查研究，如实反映职工的意见、愿望和要求。

（五）坚持原则，不谋私利，热心为职工说话办事，依法维护职工的合法权益。

（六）作风民主，联系群众，自觉接受职工群众的批评和监督。

第三十三条　各级工会组织根据有关规定管理工会干部，重视培养和选拔青年干部、妇女干部、少数民族干部，成为培养干部的重要基地。

基层工会主席、副主席任期未满不得随意调动其工作。因工作需要调动时，应事先征得本级工会委员会和上一级工会同意。

第三十四条　各级工会组织建立与健全干部培训制度。办好工会干部院校和各种培训班。

第三十五条　各级工会组织关心工会干部的思想、学习和生活，督促落实相应的待遇，支持他们的工作，坚决同打击报复工会干部的行为作斗争。

县和县以上工会设立工会干部权益保障金，保障工会干部依法履行职责。

县和县以上工会可以为基层工会选派、聘用工作人员。

第七章　工会经费和资产

第三十六条　工会经费的来源：

（一）会员缴纳的会费。

（二）企业、事业单位、机关和其他社会组织按全部职工工资总额的百分之二向工会拨缴的经费或者建会筹备金。

（三）工会所属的企业、事业单位上缴的收入。

（四）人民政府和企业、事业单位、机关和其他社会组织的补助。

（五）其他收入。

第三十七条　县和县以上各级工会应当与税务、财政等有关部门合作，依照规定做好工会经费收缴和应当由财政负担的工会经费拨缴工作。

未成立工会的企业、事业单位、机关和其他社会组织，按工资总额的百分之二向上级工会拨缴工会建会筹备金。

具备社团法人资格的工会可以设立独立经费账户。

第三十八条　工会资产是社会团体资产，中华全国总工会对各级工会的资产拥有终极所有权。各级工会应当加强对工会资产的监督、管理，保护工会资产不受损害，促进工会资产保值增值。根据经费独立原则，建立预算、决算、资产监管和经费审查监督制度。实行“统一领导、分级管理”的财务体制、

“统一所有、分级监管、单位使用”的资产监管体制和“统一领导、分级管理、分级负责”的经费审查监督体制。工会经费、资产的管理和使用办法以及工会经费审查监督制度，由中华全国总工会制定。

第三十九条　各级工会委员会按照规定编制和审批预算、决算，定期向会员大会或者会员代表大会和上一级工会委员会报告经费收支和资产管理情况，接受上级和同级工会经费审查委员会审查监督。

第四十条　工会经费、资产和国家及企业、事业单位等拨给工会的不动产和拨付资金形成的资产受法律保护，任何单位和个人不得侵占、挪用和任意调拨；不经批准，不得改变工会所属企业、事业单位的隶属关系和产权关系。

工会组织合并，其经费资产归合并后的工会所有；工会组织撤销或者解散，其经费资产由上级工会处置。

第八章　会　徽

第四十一条　中国工会会徽，选用汉字“中”、“工”两字，经艺术造型呈圆形重叠组成，并在两字外加一圆线，象征中国工会和中国工人阶级的团结统一。会徽的制作标准，由中华全国总工会规定。

第四十二条　中国工会会徽，可在工会办公地点、活动场所、会议会场悬挂，可作为纪念品、办公用品上的工会标志，也可以作为徽章佩戴。

第九章　附　则

第四十三条　本章程解释权属于中华全国总工会。